怎样做家长

ZEN YANG ZUO JIA ZHANG

项新　孙洁　张泽　著

山东大学出版社

·济南·

图书在版编目(CIP)数据

怎样做家长 / 项新,孙洁,张泽著.—济南:山东大学出版社,2021.4

ISBN 978-7-5607-6996-7

Ⅰ. ①怎…　Ⅱ. ①项…②孙…③张…　Ⅲ. ①家庭教育　Ⅳ. ①G78

中国版本图书馆 CIP 数据核字(2021)第 087527 号

策划编辑　武迎新
责任编辑　武迎新
封面设计　牛　钧

出版发行　山东大学出版社
社　　址　山东省济南市山大南路 20 号
邮政编码　250100
发行热线　(0531)88363008
经　　销　新华书店
印　　刷　济南新科印务有限公司
规　　格　720 毫米×1000 毫米　1/16
　　　　　13.25 印张　220 千字
版　　次　2021 年 5 月第 1 版
印　　次　2021 年 5 月第 1 次印刷
定　　价　36.00 元

目 录

家长在育娃中成长 …… 1
怎样给孩子添加辅食 …… 3
宝宝哭闹怎么办 …… 4
孩子反复扔东西其实是在学习 …… 6
宝宝早教学什么 …… 7
从小给孩子立规矩 …… 9
孩子别学太早的四件事 …… 10
宝宝吃水果有讲究 …… 11
高温天孩子吃什么最养生 …… 13
孩子能吃零食吗 …… 14
小儿推拿的禁忌 …… 15
小孩为什么会得白血病 …… 16
避免孩子闷在汽车里的八招 …… 18
应对宝宝分离焦虑症的五个方法 …… 20
孩子最渴望得到的是陪伴 …… 22
孩子的羞耻感是父母给的 …… 24
警惕沉默不语喜欢独处的孩子 …… 26
接纳孩子的负面情绪 …… 28
孩子在公共场合耍赖怎么办 …… 30
如何面对爱发问的孩子 …… 31
为什么有的孩子胆子小 …… 33

怎样改变心不在焉的孩子 …… 34
如何对待孩子的“奢望” …… 36
如何面对爱顶嘴的孩子 …… 37
如何引导大宝处理好与二宝的关系 …… 38
教会孩子拒绝他人 …… 40
教孩子学会等待 …… 41
超市也是教子的课堂 …… 42
孩子有攀比心理怎么办 …… 44
真正的教养在每天的饭桌上 …… 46
教孩子以“身体语言”展示自信 …… 48
给孩子自由还是纪律 …… 49
与孩子交流的秘诀 …… 51
如何表扬孩子才有效 …… 54
怎样批评孩子效果好 …… 56
怎样帮助孩子改掉不良习惯 …… 58
为何孩子只想看电视 …… 60
夫妻间的态度影响孩子成长 …… 62
为何孩子应该少看电视 …… 65
怎样才能避免孩子沉迷于网络 …… 67
家长应与孩子共享数字时代 …… 69
关注孩子的眼睛 …… 70
关注孩子睡眠不足的问题 …… 71
带孩子重温那些老游戏 …… 73
父母如何培养孩子的阅读习惯 …… 75
孩子不爱阅读勿强制 …… 77
如何发现孩子的“阅读障碍倾向” …… 79
学会读书也是成长 …… 80
怎样让孩子爱上做家务 …… 81
怎样让孩子从依赖走向独立 …… 83
亲子关系影响孩子一生的发展 …… 85
母爱对男孩很重要 …… 89

爸爸应该懂得回应 …… 90
父母是孩子真正的起跑线 …… 92
怎样做孩子喜欢的父母 …… 94
家长应做情绪的主人 …… 97
学会给孩子“真爱” …… 99
怎样培养懂事的孩子 …… 104
何种教育方法会带出“失败的”孩子 …… 106
教育孩子的规则与界限 …… 108
家长不应全凭自我感觉管教孩子 …… 112
孩子也是一所学校 …… 115
孩子上课三心二意怎么办 …… 116
提升孩子注意力的三种方法 …… 118
孩子不喜欢学习怎么办 …… 120
如何面对孩子的学习成绩 …… 122
该不该给上小学的孩子报特长班 …… 124
远离无用的“大奖赛” …… 126
如何培养孩子的时间观念 …… 128
怎样面对“讨价还价的”的孩子 …… 131
孩子的心智为何与年龄不符 …… 133
自卑的孩子大多出自四种家庭 …… 134
别过多地干涉孩子 …… 137
勿在孩子面前论人是非 …… 138
孩子叛逆家长别“逆” …… 139
让孩子知道努力学习是他的责任 …… 141
千万别做毁掉孩子的事 …… 142
不妨改变语气管孩子 …… 145
孩子的钱来路不明怎么办 …… 146
勿让孩子在谎言中成长 …… 148
用小故事帮儿子树立自信心 …… 151
用体育活动提升亲子关系 …… 152
如何对待犯了错的孩子 …… 154

最好的家庭教育是唤醒孩子的内在动力 …… 156
适时放手让孩子自己走 …… 158
孩子不听家长的教育怎么办 …… 159
怎样引导孩子与闹别扭的同学相处 …… 161
孩子总爱吹毛求疵怎么办 …… 162
孩子偷拿家里的钱怎么办 …… 164
悲观与乐观的故事说明了什么 …… 166
父母的言传身教很重要 …… 168
一以贯之的五种能力 …… 170
不妨让孩子读读《三国演义》 …… 172
避免“宽严皆误”的秘诀 …… 175
“攻心为上”的心理准备 …… 177
怎样与青春期的孩子相处 …… 179
如何与孩子谈青春期发育 …… 181
初三学生家长不应做的五件事 …… 183
蔡元培爱女有方 …… 186
名家与大师们的家风 …… 188
母亲的想象力可以无穷大 …… 191
日本为什么少“熊孩子” …… 193
松下幸之助说父母的责任 …… 194
国外家长应对淘气包的高招 …… 196
母亲为儿子减重76公斤 …… 199
比尔·盖茨从母亲那儿得到的东西 …… 200
难道你比比尔·盖茨还忙 …… 202

后　记 …… 203

家长在育娃中成长

不会？不懂？不被人理解？这都是新手爸爸妈妈经常会遇到的难题。不过，别怕，新手上路，本来就是既有新鲜，又有挑战，有惆怅，更有成长。育儿即育己，大家一起慢慢来吧！

在养育玲玲的道路上，玲玲妈妈也曾遇到过迷茫，但凭着爱心、耐心和智慧，借助专家、前辈、友人、书籍、电视等途径，加上自己的学习和实践，她渐渐地有了自己的一些体会。

首先，对“过来人”的说法不要盲从。要知道，没有人比妈妈更了解自己的孩子，所以，在育儿的过程中，相信妈妈的直觉是非常重要的。

玲玲出生后，作为“过来人”的玲玲的表姨给玲玲妈妈传授经验，让她在孩子哭的时候千万不要马上去抱，不然玲玲习惯之后会总要妈妈抱，这样妈妈就会很辛苦。可是玲玲一哭，玲玲妈妈的心就软成一汪水，她的哭声一下下牵扯着当妈的神经。于是，妈妈什么都顾不上了，赶紧把孩子抱在怀里，想着辛苦就辛苦吧。渐渐地，她发现躺在妈妈的怀里，女儿就会变得特别安静。妈妈第一时间抱她，她就会知道妈妈一直都在，心里踏实，从而获得安全感。

北方的冬天很冷，很多小孩一到冬天就会待在有暖气的房间里，几个月都很少出门。玲玲妈妈不喜欢这样，只要没有雾霾，不管天气多冷，她都会带女儿出去转转。邻居大妈们看见了就关切地说：“孩子这么小，你带她出来干什么？”“外面这么冷，当心感冒！”玲玲妈妈一笑而过。第一次带玲玲玩雪时，女儿兴奋得大叫，不停地跑来跑去，甚至脱下手套摸了摸雪。母女俩在雪地里踩出乱七八糟的脚印，女儿的笑声飘得很远。这样的快乐，那些被关在屋里的孩子是体会不到的。

其次,要尊重孩子的感受。妈妈的直觉固然重要,孩子的感受更不容忽视。

玲玲 6 个月大时,妈妈开始给她添加辅食。为了保证营养的均衡,妈妈每天都很细心地搭配一日三餐。可是,玲玲和妈妈所期待的并不一样,有时她可以很快吃完所有的辅食,但有时吃几口就不肯吃了,任凭妈妈怎么哄都没有用。家里的阿姨说:“这怎么行呀,孩子不吃饱怎么能有营养呢?”因此,妈妈对女儿的吃饭问题充满了忧虑,直到有一天玲玲的爸爸买了妻子最喜欢吃的糖醋排骨回家,由于玲玲妈妈不怎么饿,所以只吃了两块。那天她做的辅食玲玲只吃了一半;想到自己,玲玲妈妈突然受到了启发,变得淡定了许多。玲玲吃得不多,可能是因为不饿啊,每个孩子的胃口是不一样的,同一个孩子在不同的时间段也是不一样的,吃多少并没有固定的标准。妈妈应该尊重孩子的感受,她不想吃了就不再勉强。

在家庭生活中,每个孩子都是独一无二的,并不是流水线上生产出来的产品。父母才是最了解自己孩子、最知道什么适合孩子的那个人。在育儿方法和经验满天飞的时代,家长一定要学会分辨哪些是有用的,不要轻易被他人的看法所左右。养自己的娃,让别人说去吧!

怎样给孩子添加辅食

辅食，也称“辅助食品”，是除母乳或配方奶之外，富含能量和各种营养素的半固体食物(泥状)。宝宝多大应该添加辅食呢？一般来说，6 个月以后就可以添加辅食了。添加辅食，是为了满足宝宝成长发育的需要，锻炼孩子的咀嚼、吞咽功能，促进其味觉发育，为宝宝顺利过渡到成人饮食打好基础。

许多妈妈给宝宝添加辅食时，经常会选择小米粥，其实，根据辅食的定义来判断，小米粥的营养素非常有限，况且也不是半固体食物，能量密度有点儿低。

据儿童保健专家介绍，在给宝宝添加辅食时，应该首选的是富含强化铁的米粉。可用温水将米粉调成糊状，给宝宝喂食；如果宝宝对牛奶不过敏的话，也可以用温奶调米粉。在喂宝宝时，可以与宝宝同时做出张口、咀嚼等动作，诱导宝宝锻炼进食技能。米粉添加 7 天以后，如果宝宝吃得比较好，没有出现病理现象，就可以进食菜泥了，比如胡萝卜泥、南瓜泥、地瓜泥等。

一般来说，先添加一种，3～5 天后可以换成另一种。换成蔬菜泥一周后，就可以改喂蛋黄泥。从 1/4 个蛋黄开始，用温开水将煮熟的蛋黄调成泥状，如果宝宝比较喜欢的话，可以逐渐加量。这样，宝宝每顿就以米粉作为主食，以菜泥作为辅食。随着宝宝的成长，以后每顿饭还可以按照主食、蔬菜、肉食搭配。

宝宝哭闹怎么办

有位妈妈的宝宝3个月了，出了满月宝宝就不愿意在床上躺着了，躺在床上就哭闹，一抱起来就不哭了。宝宝的奶奶不让妈妈抱，说总是抱着会惯坏孩子的，孩子哭能够锻炼肺活量。可是每当看到孩子哭得很伤心时，当妈妈的实在是不忍心啊。

其实，宝宝从出生到3个月大时是哭闹最多的时候，很多父母都会经历这个让人觉得有些痛苦的阶段。宝宝哭闹的原因有很多，比如累了、饿了、尿了，任何让他感觉不舒服的事情都可能引发他哭闹。如果周围太明亮、太嘈杂、太冷或太热以及受到惊吓，都会让宝宝恐惧不已而哭泣。从遗传学的角度上看，宝宝感到不舒服时，就会向他人求助的行为是与生俱来的。由于宝宝的大脑尚未发育成熟，尚未形成独立处理强烈的情绪和恐惧的能力，所以他们会通过哭泣向父母求助。很多人主张不理睬哭泣中的孩子，就像上面那位宝宝的奶奶说的那样，孩子一哭就哄会宠坏他，小孩哭能够锻炼肺活量等，事实上这些说法毫无根据。当宝宝感到不适哭泣时，如果没人理他，他虽然最终会停止哭泣，但也会给孩子带来不可弥补的伤害。科学研究证实，遭遇长时间哭泣的宝宝会形成过度敏感的压力应对机制，他的一生可能会受此影响。这意味着，他看待世界和周围发生的事情时，总会蒙上一层恐慌和焦虑的阴影，即使周围很安全，他也会有这样的感受。

那么，如何安抚哭闹的宝宝呢？妈妈们不妨试一试以下三种方法：

一是读懂宝宝的哭。宝宝哭有很多原因，孩子哭的时候，先不抱起他，可以先帮他擦擦眼泪，用温柔的话语哄哄他，这样可以安抚孩子的情绪，然后再查看宝宝是不是尿了，饿了……一开始也许有点儿难，慢慢就能摸到门道，准确地解读宝宝哭泣的原因了。

二是多和宝宝进行身体接触。尤其是剖宫产出生的宝宝,孩子的确会缺乏安全感,这样的宝宝对周围的环境更加敏感。妈妈可以多与宝宝进行一些身体上的接触,晚上不妨搂着宝宝一起睡觉,让其身体紧贴着妈妈。

三是进行一定的抚摸。抚摸不仅可以抚慰宝宝,帮助其镇静情绪,而且还可以密切妈妈与宝宝之间的亲子关系。

总之,育儿是一项繁杂细致的工作,需要妈妈们付出更多的爱心、耐心、智慧与精力。

孩子反复扔东西其实是在学习

有时宝宝喜欢反复地往地上扔东西，家长刚刚捡起来，宝宝马上又扔在地上，这令一些家长感到很崩溃。在家长眼中这种简单的重复性动作毫无意义，宝宝却为何乐此不疲呢？

据专家分析，其实宝宝在这个"扔"的过程中，体验到三种学习的乐趣：

一是在动作技能练习中，体验到了成长的快乐。1～3岁婴幼儿的神经系统发展迅速，手的伸肌不断发育，反复扔东西是动作技能学习的有效方法，可以使其手部动作更加灵活、精准，同时增强宝宝手眼的协调性。

二是在反复练习中，体验到了探索性学习的快乐。婴幼儿的好奇心和求知欲很强，反复扔东西从表面上看是机械重复性的动作，其实不然，宝宝是在不断地尝试，从不同角度认识物体，探索物体的特性，比如东西怎样才能扔得高、扔得远，扔高一点儿会怎样，扔远一点儿会怎样。

三是在与家长互动中享受亲子之乐。宝宝扔，家长捡，在这种亲子互动中，不仅有动作的传递，更有语言与表情的交流，孩子会感受到被关注和呵护，也正是在反复进行的活动中，宝宝不知不觉地学会与人交往，今后也会转移到自己的交往实践中。

宝宝早教学什么

目前,早教越来越受到家长们的重视,成为社会热议的话题。而对于孩子该不该早教,不同家长有不同的看法。

早教,广义上是指发育发展 0～6 岁儿童的身心教育;狭义上是指从婴儿期到 3 岁的早期学习阶段。

专家指出,对应于孩子的安全感、意志力、目标感、注意力、记忆力、思维能力、平衡、力量、速度九大成长目标,早教可以分为语言类、科学类、音乐类、艺术类、社交类、运动类、认知类等种类,其主要目的是训练孩子的语言智能、数学逻辑智能、空间智能、身体运动智能、音乐智能、人际智能、自我认知智能、自然认知智能八大智能。早教正是在这样一个过程中,培育宝宝的自主意识,开发宝宝的兴趣爱好,培养他们开朗的性格、健全的人格以及良好的社交能力。

早教到底有没有用?这是很多家长最关心的事情。专家表示,有过早教经历的宝宝,在上幼儿园期间,与那些同龄然而没有经历早教的宝宝相比,在行为习惯方面会表现得更好,而且性格也会更加开朗。

应该对宝宝进行什么样的早教呢?面对那么多的早教课程,该如何选择呢?针对这些问题,专家表示,孩子在不同的年龄阶段,需要的早教课程也是不同的。

0～6 个月的宝宝:需要建立家庭信任感,家长可以通过抚触、对视以及给宝宝听舒缓的音乐,与宝宝之间建立信任。有相关研究表明,莫扎特的音乐对宝宝的生长发育能起到良好的辅助作用。

7～9 个月的宝宝:家长可以通过帮助宝宝爬行、拿东西,锻炼他们探索环境的新技能。

10 个月至 1 周岁的宝宝:需要进一步锻炼探索环境的能力,家长可以通过动作和语言,培养宝宝听指令做事、独立站立的习惯。

1 周岁之后的宝宝:因其情绪波动较大,家长应该给予正确的引导,让宝宝们产生良好的兴趣和性格,进而开发他们的潜能。

除此之外,专家还特别提醒家长们,宝宝在上幼儿园之前,应当学会口头语言表达,对大小便自己能够很好地控制和表述,自己可以使用简单的吃饭餐具,并且应当建立一定的规则意识,与团队有一定的社交及融入能力。

从小给孩子立规矩

中国有句老话叫“3 岁看大,7 岁看老”,意思就是说,从 7 岁孩子的言行中就已经能够看出他成年之后的样子。心理学也有研究表明,人格的塑造在 7 岁左右就已经完成了。那么对孩子的教育,应该从什么时候开始呢？其实,它比普通人意识到的都要早。

0～6 个月:这一时期孩子逐渐掌握了自我安抚的方法,需要拥抱、需要奶嘴等等,并且能够调节自己的生活规律。父母要做的就是观察孩子的需要,满足孩子所需。

7～8 个月:这个时期的孩子可以开始爬行,并且会认生。于是,此时父母应该给行动中的婴儿一些指导,在孩子不断试探的过程中,让他学会限制和界限。

9～12 个月:孩子已经初步具备了解妈妈情绪的能力,并且会不断试探父母的底线。所以,父母等家人需要做的就是统一标准和分寸,并在必要时果断地说“不”。

1～2 岁:孩子会在自己的行为和结果之间建立初步的因果关系。父母要做的就是,继续坚持自己的管教标准,并且在言语制止孩子行为无效时,以行动来体现。

3～6 岁:这个时候孩子探索外界的能力更强,而且参与到一定的社会生活之中。父母要做的就是全方位地管教,并且让孩子要学会自律。

孩子别学太早的四件事

成长要循序渐进,并非凡事越早越好,有四件事情孩子不宜学得太早:

一是学走路。幼儿运动发育应当遵循抬头、翻身、坐、爬、站、行走的发展规律。宝宝 9 个月后进入站立为主的体位,逐渐学会扶站、扶走,12~15 个月能独立行走。因此,多数宝宝可在 9 个月时开始进行腿部练习,不宜太早学习走路,否则不利于骨骼发育,反而会导致某些运动能力缺乏。当然,学走路的年龄并不固定,若孩子能较好地完成独坐、爬行等,就可以训练走路。

二是画直线。随着手部精细动作的发育,1~1.5 岁的孩子能手握粗短的蜡笔乱画,2 岁能正确握笔画垂直线,2 岁半能画水平线。若训练太早,孩子不能很好地握笔,无法进行涂鸦和画直线,会增加其挫败感,影响其未来画画和书写能力。

三是练乐器。音乐能净化孩子的心灵,陶冶情操。婴幼儿时期,家长可以让孩子多听柔和、优美的音乐,教唱易学的童谣,以培养孩子对音乐的兴趣。至于学习乐器,首先要看孩子是否有兴趣,其次由于练习乐器对孩子的手指力量以及灵活性要求较高,系统学习最好在四五岁以后。

四是骑脚踏车。生活中,时常可以看到年龄特别小的孩子骑脚踏车、玩轮滑,但过早地进行这些运动会增加危险性。一般建议孩子在 3~4 岁时,再骑小三轮车,5 岁以后学轮滑、骑两轮车,此时孩子的大肌肉已经发育良好,具有较好的平衡协调能力,可以完成一些较高难度的运动。

宝宝吃水果有讲究

水果好吃又有营养,宝宝适量进食,不但可以补充营养,还能起到开胃解腻的效果。但父母们要注意,吃水果也是一门学问,这里面的讲究也不少。

1.体质有讲究

选择什么样的水果,要根据宝宝的体质来决定。一般对体质偏热容易便秘的宝宝,家长可以选择梨、西瓜、香蕉、猕猴桃这类寒冷性的水果,帮孩子败火;如果宝宝缺乏维生素A、维生素C,就多吃杏、甜瓜及柑橘;如果宝宝拉肚子,可以用苹果涩肠止泻;宝宝咳嗽、感冒了,可用梨水添加冰糖炖水喝,能够清肺热。

2.挑选有讲究

家长在为宝宝挑选水果的时候,首先要考虑应季的水果;其次每回不宜买太多,以免水果霉变或者长时间储存;应当选择看上去新鲜、表面有光泽、没有霉点的水果。

3.食用有讲究

一是饭前饭后一小时再吃水果。无论饭前还是饭后,吃水果都要与宝宝吃饭时间间隔一小时以上。因为宝宝的胃容量还比较小,快吃饭的时候吃水果会占用一定空间,影响其对正餐营养素的摄入;饭后立刻吃水果,其中的单糖物质容易堵在胃中,很容易使孩子形成胃胀气,还可能引发便秘。

二是每天不要超过3种水果。水果虽然好,但给宝宝吃也应当适度,每天给宝宝吃的水果不宜超过3种,而且还要控制总量。因为一些水果中含糖量太高，喂多了会使宝宝产生食欲不振的问题，还会影响其消化功能和其他营养素的摄取。

三是冬季进食最好热一热再吃。对于胃肠道消化功能不是很好的宝宝，冬天最好将水果加热之后再吃，以免由于水果过凉刺激其胃肠道出现消化不良的情况，也可以榨成果汁加温后给宝宝喝。

高温天孩子吃什么最养生

1.吃淮山和姜暖胃增食欲

淮山有补脾健胃、益气补肾的作用。家长可以给孩子多吃淮山一类益气养阳的食物,它能够促进消化。胡萝卜、红枣等红色食物对心脏也很有益。俗话说"冬吃萝卜夏吃姜",吃姜有助于驱除孩子体内的寒气,一些孩子不愿意吃姜,家长可以包包子、水饺、馄饨等,但最好不要在晚上吃姜。

2.度暑粥补气消暑

由于夏天气候炎热,易伤津耗气,所以家长们也可以选用药粥来为孩子滋补身体。大暑节气,典型的"度暑粥"可以选择绿豆百合粥、西瓜翠衣粥、薏米小豆粥,这些食材都具有补气消暑健脾胃的功效,有助于孩子消暑。

3.益气养阴的食物不可少

大暑天气酷热,孩子们出汗较多,容易耗气伤阴,此时,人们常常"无病三分虚"。因此,除了提醒孩子及时补水之外,家长还应当常给孩子吃一些益气养阴且比较清淡的食物,以使其增强体质,这些食物包括山药、大枣、海参、鸡蛋、牛奶、蜂蜜、莲藕、木耳、银耳、豆浆、百合粥、菊花粥等。

孩子能吃零食吗

不少家里有萌娃的年轻父母时常会产生疑问:孩子能不能吃零食呢？回答是肯定的,小孩子是可以吃零食的。

孩子的胃容量较小,新陈代谢快,放学回来肚子饿是正常现象。所以,在课间适当补充一点零食作为加餐是合理的,可以避免孩子过于饥饿,从而影响其学习和运动。

但是,零食不能乱吃,需要掌握以下五个原则:

一是合适的时间。吃零食最好能与正餐间隔一个半到两个小时,睡前一小时不要吃零食。

二是零食要优选。新鲜水果、奶类和坚果是平衡膳食的重要食物,将这些食物作为课间加餐的零食,可以为孩子们提供成长所必需的营养物质。可按照经常食用、适当食用和限量食用 3 个层次为孩子们选择零食。

三是保证新鲜和卫生。尽量食用新鲜卫生的食物,避免给孩子们选择那些深加工的食物,如果脯、果干等。

四是少吃高盐高糖高脂肪的食物。这一类零食营养密度低,会增加罹患肥胖、血脂异常和心脑血管疾病等慢性病的风险,还容易造成龋齿。

五是保持口腔清洁。引导孩子养成早晚刷牙、进食后漱口的良好习惯,注意保护口腔健康。

其实,现在生活水平提高了,物质生活丰富了,对于孩子的口腹之欲,堵而抑之,不如疏而导之。

小儿推拿的禁忌

宝宝生病了，许多家长不愿意给孩子吃药、打针，而是选择小儿推拿。小儿推拿，是我国第一批中医药促进推广项目，其原理是通过对分布于婴幼儿肌表特定穴的手法刺激，起到平衡阴阳、通经活脉、调和气血、扶正祛邪的作用，在儿科常见于急慢性呼吸系统、消化系统、神经系统、五官、伤科疾病的治疗，以及在日常保健中得到广泛的应用。

据专家介绍，只要是医生具备专业素养，有明确诊断，有明确对适应证和禁忌证的掌握，加上专业的手法和操作，小儿推拿的安全性是有保障的。

那么，日常生活中哪些宝宝不适合推拿呢？下面我们就来讲一下。

一是生水痘、麻疹或者湿疹等皮肤病的宝宝。

二是患肺结核、骨结核的宝宝。

三是患有小儿恶性肿瘤的宝宝。

四是身上有开放性伤口，比如骨创伤或外伤性骨关节脱位的宝宝。

五是处于手足口病、白喉等急性传染病传染期的宝宝。

六是患有传染性及溃疡性皮肤病及皮肤烫伤的宝宝。

七是患有严重的心肺疾病，比如先天性心脏病或者肺部严重疾病而不能耐受的宝宝等。

小孩为什么会得白血病

近年来,罹患白血病的孩子日益增多。当家长被告知孩子得了白血病时,他们禁不住会问医生:“我的孩子为什么会得这样一种恶疾呢?”面对这样的疑问,医学专家们潜心研究多年,发现了一些与白血病发生密切相关的危险因素,对此家长要引起足够的重视。

白血病的具体类型不同,发病原因也存在一定差异。白血病的发生,通常不是由单一因素引起的,其精确的发病机制,仍然需要更多的研究予以证实。但是以下五种原因家长们不可忽视:

1.辐射增加患病风险

辐射会增加白血病的患病风险吗?答案是肯定的,但这取决于辐射的类型、暴露的程度和频率。辐射主要分为电离辐射和非电离辐射。非电离辐射很弱,一般情况下不会引起癌症。人类的身体每天面临阳光、电磁炉、电话、收音机等的辐射,这些辐射属于非电离辐射,是较为安全的。而电离辐射的危害则大得多,其可以破坏细胞内的DNA,从而引发白血病。电离辐射的来源有X射线、伽马射线、烟草物中的某些成分、岩石中存在的核放射性物质、原子弹和核电站泄漏物等。苏联时期切尔诺贝利核电站核泄漏事故产生的放射性污染和铀矿工人中白血病患者增加,也证实了电离辐射与白血病的确切关联。

2.有害化学物质

某些有害物质,如苯、四氯化碳、三氯乙烯、杀虫剂等的暴露可能会引发白血病。目前,国际癌症协会(IARC)已经将苯定为一级致癌物,动物研究和人群研究均支持其与急性髓性白血病(AML)的确切关联性。化学试剂工人、汽油接触者、油漆工等相关职业暴露,可使这些职业工作者及孩子患白血病的风险增加。而汽油接触、工业废水污染、废气污染、房屋装修等因素,也使得儿童可能在日常生活中就暴露于这些有害物质中。

另外,值得注意的是,父母在妊娠之前暴露于上述这些有害物质,也可能使生殖细胞在妊娠前就遭到破坏;当胎儿还在子宫内,有害化学物质也可能穿过胎盘进入胚胎,从而增加儿童患白血病的风险。

3.吸烟是多种癌症的高危因素

儿童解毒功能不健全,更易受到烟草的危害。在妊娠前,父母大量吸烟及被动吸烟,尤其是父亲重度吸烟,可显著增加孩子患白血病的风险。儿童被动吸烟,也可以增加急性淋巴细胞白血病(ALL)的发病风险。

4.病毒感染

感染与白血病之间的关系,一直是科学家们争论的焦点。目前,研究认为母亲在怀孕期间感染禽流感、EB 病毒、C 型腮腺病毒等,可增加白血病发病风险。而英国科学家发现,在婴儿出生后几个月中,每周参与托儿所活动的婴儿发生白血病概率较低,其提出“延迟感染”理论,即儿童在出生两年内接触一定程度的感染,有助于儿童免疫系统的发育,可以增强儿童免疫能力,对预防白血病发生有一定的保护作用。若之后再接触相关感染,则可能是促进白血病发生的危险因素。

5.遗传及基因突变

白血病有一定的遗传易感性。目前,研究发现一些与免疫功能、B 细胞分化相关的基因多态,可能会影响儿童白血病的发生。遗传因素还会与感染、吸烟或有害物质暴露等环境因素发生交互作用,共同影响白血病的发生发展。唐氏综合征、Fanconi 贫血症、布鲁姆综合征等先天疾病,也可能会诱发白血病的发生。

避免孩子闷在汽车里的八招

每当暑期来临，都会出现幼儿被落在车里闷死的事件，并且随着汽车的普及，此类事件有日益增多的趋势。

研究表明，当气温达到 35℃时，阳光照射 15 分钟，封闭车厢里的温度就能升到 65℃，在这样的环境里待上半小时就可致命。

甚至于在体感凉快的天气里也是如此，即便车内最初温度是 26℃，在阳光直射下，封闭车厢内的温度也可在一小时内上升约 20℃。与常识不同的是，哪怕是给车窗留一道缝通风也无济于事，这一点点空气流通还不足以抵消汽车座椅、内壁和仪表盘吸收的热量。

将孩子单独留在封闭的车里，孩子体温上升，体内水分散失的速度远比成年人快，呼吸系统和耐热能力又不如成年人，因此很可能发生“热射病”——因体内热量过度积蓄而引发神经器官受损，直至死亡。为防止上述情况，这里给家长们提出八个办法，可以有效保护孩子在车内的安全：

一是家长把手机、手提包或者其他任何停车后需要带走的东西放在后排。家长下车取东西时，就会注意到孩子。

二是家长买一个蓝牙防丢器，放在孩子身上或者座椅里，当防丢器和身上的手机之间超过一段距离时，就会报警提示。

三是如果孩子很小，常常车子一开就呼呼大睡，那么一定要把他的安全座椅安放在后排右侧，这样家长能更容易地看到他。如果是放在左侧驾驶座后方，按规定 2 岁以下幼儿的安全座椅需要反向安装，宝宝往往会被座椅遮挡住。

四是家长养成停车后绕着车转一圈并再次查看车内的好习惯。

五是不要给车窗镀深色膜，避免发生意外时路人看不到。

六是如果你的孩子是搭乘校车去幼儿园或学校,请提醒老师,如果孩子没有按约定时间到达,请一定跟你打个电话。

七是家长应当提醒孩子无论如何都不能到车子里玩耍,更不能钻到车的后备厢里去。

八是3岁以上的孩子可以学一些自救方法,比如在哪些情况下可以自行解开安全座椅的安全带;自家车子在停驶的状态下如何从里面打开车门;被困在私家车或者校车里时,可以通过按喇叭(日系、美系、韩系大部分车型在熄火时可按响),或者打双闪的方式(几乎所有的车都可以在熄火时打开双闪灯)发出求救信号。这些技能平时应该教孩子多练几次,这样有备无患,孩子们一旦在遇险时能够用得上。

应对宝宝分离焦虑症的五个方法

每当炎热的夏季即将过去，便意味着幼儿园要迎来新入园的儿童了。

对于初入幼儿园的小朋友来说，去幼儿园是他们人生面临的第一次重要挑战。面对一个非常陌生的环境，做着不熟悉的事情，再加上离开了父母，离开了爷爷奶奶、姥姥姥爷，离开了熟悉的阿姨，失去了感情的依托，很多宝宝难免会出现焦虑情绪，有些孩子表现为情绪不稳、哭闹，有些表现为寡言少语、寝食难安，甚至还有些会出现身体不适的症状，让家长手足无措。

为避免孩子刚进幼儿园就出现分离焦虑症，宝宝入园之前，家长需要做哪些准备工作呢？

1.培养孩子的生活自理能力

家长在家里要有意识地培养孩子在固定的时间和固定的地点自己吃饭，要在固定的时间就寝和起床，中午饭后要安排孩子午休一两个小时，训练他们自己上厕所等各种生活自理的能力，以便于孩子与入园后的生活相衔接，尽快适应幼儿园的生活。

2.入园前与宝宝一起准备上学用品

家长陪同孩子一起购置书包、水壶、文具、衣服等，让他们对上幼儿园增添期待感；还可以提前带他们去参观一下即将要去的幼儿园，并告诉他们在这里可以听老师讲故事、做游戏，可以跟很多小朋友一起玩耍。

3.培养孩子的社会交往能力

父母可以鼓励他们先在小区里与其他同龄小朋友一起玩耍，可以邀请小朋友到家里做客等；还应当鼓励孩子敢于表达，比如告诉不会独立上厕所的孩子，在有尿意时一定要告诉老师，身体不舒服时也要主动跟老师说。孩子入园后，家长还可以在双休日和节日期间，邀请孩子同班的几位家长带着孩子们一起去动物园、郊游等，使宝宝与小伙伴有更加密切的接触和交往。

4.父母应该多点正面的引导

在上幼儿园前，父母要向孩子们描述幼儿园的一些趣事；等孩子上学后，父母也应该引导孩子讲一些在幼儿园里发生的有趣的事情，而尽量不要问孩子是不是受委屈了，有没有想父母之类的话。因为本来孩子离开父母到一个陌生的地方就已经觉得很委屈了，再经这么一问的强化，他们便会觉得自己受了很大的委屈。

5.父母与老师多沟通

开学后，家长面对宝宝最初因不适应而产生的哭闹，不要过分担心，也不必太过于心急，以平常心对待即可。但是，家长应当多与老师联系，一方面可以告诉老师宝宝的一些习惯、爱好、性格等，以便老师能尽早了解自己的孩子，另一方面家长也可以从老师那里掌握孩子在幼儿园的一些情况以及相关要求，有的放矢地帮助孩子尽快适应幼儿园的生活。

孩子最渴望得到的是陪伴

幼儿园放学后，一连几天佳佳的妈妈都是把女儿接到单位，然后继续工作。佳佳一个人看书、贴贴纸、玩手机游戏，偶尔凑过来想跟妈妈说说话，又被妈妈“无情”地拒绝，最后吃了外卖回到家已经8点。练琴时佳佳的情绪低落，最后合上琴盖，终于忍不住哭出声来，她抽泣着说：“妈妈，爱孩子，就要多陪陪孩子。”妈妈听了心里一酸。

佳佳最近迷上了手机游戏：养宠物，赛车，给恐龙洗澡，愤怒的小鸟……即便删掉，她也能自己下载。每次批评完她之后，妈妈也会反思，如果自己能够更多地陪她，如果自己可以不总是在她面前玩手机，是不是就不会出现这个问题？

其实，佳佳妈妈从不吝于表达对佳佳的爱，会常常摸摸她的头发对她说我爱你，睡前会亲亲她的额头说我爱你，送她去幼儿园会在门口抱抱她说我爱你，发了脾气会检讨妈妈又做错事了但是妈妈爱你……生怕不经意的忽略或者疏于表达让女儿产生误解。可是，佳佳总是会提醒她，爱孩子也不能只是说说而已。

说到这儿，不禁想起一个故事，名字是《卖给我一个小时》：

一位父亲下班回家已经很晚了，他很累了，很想休息，但是他5岁的儿子走过来要和他商量一件事。孩子问父亲一个小时可以赚到多少钱，父亲有点不耐烦地说：“可以赚20元，还有什么问题？没有就快点去睡觉！”小孩子有点胆怯地继续问：“那可以给我10块钱吗？”父亲很生气：“总要钱做什么？你知道我每天那么辛苦地工作养家，你还总是想买那些无聊的玩具！”小孩子什么也没说，安静地站在那儿。父亲发泄完了之后有点后悔，掏出10块钱递给孩子。孩子接过钱，又把储钱罐里的10块钱取出来，一起递给父亲：“我现在有20块钱了，我可以向你买一个小时吗？明天你早点回家，陪我一个小时就够了！”

故事讲得令人心酸，却反映了很多家庭的现状。父母忙于生计，没有时间和精力陪孩子，或者直接把孩子交给老人抚养。有时即便有时间，也只是对孩子敷衍，自己埋头玩电脑、玩手机。无论哪一类情况，都会因为忽视给孩子带来伤害。世间爱有千万种，但从来没有一种爱可以重来；世间爱有千万种，但从来没有一种爱可以替代父母之爱。

那么，父母可以陪孩子做什么呢？其实都是很简单的事，譬如吃饭、做手工、参加户外运动、玩游戏、逛书店、看画展等，譬如聊天、讲故事、说笑话等等。

有一首很动人的情诗：“有你相伴，那便是最好的时光。我走你走过的路，听你听过的歌，尝试你曾经做过的一切，并不是想证明我有多爱你，只是想离你更近一点。在我漫长的生命里，最好的时光，是遇见你。”这首诗同样适用于父母和孩子，因为有了孩子，父母便是孩子以后的最好回忆，而父母的陪伴则是最长情的告白。

孩子的羞耻感是父母给的

记得去年，黄磊发布了一条微博：“妹妹（二女儿）昨晚上尿床了，早晨她问我你知道我怎么尿床的吗？我说你做了你一个梦，梦见自己要尿尿，然后就找卫生间，找啊找，找啊找，终于找到了，然后你就尿尿，接着你就觉得凉凉的，然后你就醒了，就发现自己尿床了。”妹妹无比崇拜地看着我说：“哇，爸爸你怎么知道的？”

这条日常微博，当时收获了网友26万的点赞量，父女俩的可爱互动羡煞旁人，也勾起了不少网友的童年回忆。自己小时候，可不像妹妹这么幸运。

网友在评论区回忆小时候的尿床经历，多半都说尿了床是要挨父母骂的。被家长责骂的恐惧，至今都记忆犹新。

“都这么大了还尿床，害不害臊？”类似的话，几乎是所有尿床小孩的噩梦。相比妹妹，这些孩子可能没有那么幸运地得到温柔的回应，哪里还敢大着胆子，跑到父母跟前去问：“你知道我为什么尿床吗？”

大部分家长觉得尿床是孩子故意的行为，用责怪和羞辱的方式来督促其改正，并经常拿这样的隐私错误向其他人抱怨：“你看看我们家这个多不省心，总尿床！”或者是总拿这个毛病打趣：“也不知道是哪个小孩儿，4岁了还在尿裤子！”“你5岁就在地图出版社工作啦，总给咱们家画地图。”大人们常常一笑了之，可给孩子们留下的，往往是整个童年生活的阴影。这件玩笑般的“小事”，折射出的是很多父母尊重意识的缺失啊。

《圆桌派》里，主持人窦文涛抛出一个困扰了孩子们多年的问题：“为什么很多父母喜欢拿孩子消遣、贬损？”“你看看他胖得跟猪一样。”“你看他黑得，跟个煤球似的。”“我们家那小子就是个笨蛋，是个扶不起来的阿斗！”公开评头论足，对孩子不满意,随意贬低……对这个问题孩子们无法理解,也找不到答案。

有网友抱怨:父母们总认为,孩子年纪小,就不用顾及面子。岂不知,不顾孩子面子的后果是,两代人之间不自觉地形成地位差,父母以管理者的身份干涉孩子的生活,忘记了尊重。还有人回忆起小时候被父母当众批评的经历。尽管孩子知道父母心底里是疼爱自己的,但是并不认同这种教育方式,甚至希望能用私下里挨一顿打来替代。孩子们太单纯了,太在乎父母的一言一行,太在乎父母给予的每一个反馈与评价了。

当众的责骂、羞辱和伤自尊的玩笑,往往像一把刀子一样在孩子身上狠狠地扎下,留下的将是无法愈合的伤痕。教育的本意不该是伤害,希望家长们能够学会用合适的方式去爱,并且将爱真正传递到孩子的心田,更加密切亲子关系,使孩子不断获得满满的正能量。

警惕沉默不语喜欢独处的孩子

孤独症是一种神经发育障碍，起病于儿童早期，男孩多于女孩。孤独症的核心表现是社会交往和语言交流障碍以及兴趣狭窄、固定刻板的行为模式。

儿童期的大脑神经、动作、语言都有着特定的发展规律。例如，6 个月的儿童可以独坐，可以发出“爸”“妈”的音但无所指，开始对母亲产生依恋，能够分辨熟人和生人的面孔等。如果自己的孩子 1 岁多仍不能使用简单的语言，2～3 岁还不能用言语表达自己的需求等，此时家长需要引起重视。此外，还有一些症状表现在情感方面，如在与别人相处时没有目光对视，表现力贫乏；与父母没有特别的情感交流，分不清与他人的亲疏关系，总是封闭在自己的世界里，与同龄儿童难以建立正常的伙伴关系。孤独症儿童兴趣狭窄，表现为喜欢某种不寻常的玩具，也可能特别依恋某种东西。

有些家长经常自责，认为自己由于工作忙把孩子送回老家，老人腿脚不好，经常把孩子关在家里，孩子因此就得了孤独症；有的家长认为，孤独症是由于与孩子交流不足，或是孩子受惊吓、被小朋友欺负导致；还有人认为是由于缺少某些微量元素或者营养不良导致……其实这些都不是孤独症的致病原因，家长无须自责或抱怨。据专家介绍，孤独症的发病原因目前尚不清楚，可能与遗传、孕期因素、免疫系统异常等有关。孤独症具有神经生物学基础，与情感交流多少、母子关系、家庭收入和生活方式等并无明显关系。

值得注意的是，有些孤独症儿童缺乏显著特征，其早期表现可能并不明显，家长通常怀疑孩子言语发育落后、有听力问题、过分“乖巧”等。孤独症最容易识别的时期是 2～3 岁，但研究显示平均 4.7 岁左右才能明确诊断，部分患儿可有短暂的相对正常的发育期，之后发育停滞或出现倒退现象。对此，一些家长错误地以为孩子发育晚,再等等,长大就好了;还有的轻信广告宣传,认为营养神经的药物可以治愈其病,结果是以后孩子与同龄人的差距越来越大,错过了最佳治疗时机,导致孩子终生难以融入社会。

那么孤独症能治愈吗?据专家介绍,目前孤独症没有特效的治疗,主要是针对孩子的言语和社交技能进行教育与训练,使患儿尽可能地发挥潜在的能力。康复训练是一个比较漫长的过程,但这并不意味着放弃,如果不去训练,孩子的病情则会越来越严重。当前药物治疗,主要是对症治疗,用来缓解患儿存在的明显情绪和行为问题,例如烦躁不安、易出现攻击行为等。

孤独症有慢性、终身性、预后差的特征。需要提醒家长警惕的是,有一些不负责任的机构打着治愈孤独症的幌子,夸大一些所谓"神经营养品"的作用,应当引起格外注意。建议家长还是带孩子去正规医院诊治。

接纳孩子的负面情绪

邻居家的女儿3岁了，活泼可爱，可就是特别任性。很多事情告诉她不能做，但是她非做不可，什么事只要不依着她就会大哭。一听到她哭，父母就会非常烦躁。由于与老人住在一起，老人最见不得孩子哭，一哭就会马上妥协，让孩子的父母束手无策，十分无奈。

其实，上述这种情况在许多家庭都能见到，这是孩子成长过程中都会遇到的一个难题。好像从前那个温顺可爱的小宝贝忽然不见了，开始变得胡闹、任性，甚至不可理喻；脾气变得越来越大，越来越喜欢跟家长对着干，时常把父母气得冒烟，却又无计可施。

孩子为什么会这样呢？

首先，家长要了解到儿童成长过程中很多关键期，3岁的儿童已经开始进入了执拗敏感期。在这个阶段，儿童逐渐开始把自己和他人分开，开始建立自我意识，逐渐走向独立。孩子的意志往往会跟现实和成人意志发生激烈的冲突，而孩子的情绪尚未发展成熟，不能控制自己的喜怒，也不能用言语很好地表达自己的想法，最直接的反应就是哭。

家长对孩子负面情绪的表达经常或是烦躁，或是妥协，往往总是想方设法压抑或者是立刻安抚孩子的情绪，其实大人急于作出反应，反而阻断了孩子的自我调节过程，被压抑的情绪是不会消失的，一旦找到宣泄口，就会决堤。

再有，3岁的孩子还没有建立起来规则意识，表达要求唯一的方式就是哭闹，张嘴一哭就能得到满足，时间久了孩子就习以为常地采用这种模式。所以，家长在遇到这种问题的时候，应达成一致的意见，学会“温柔地坚持”原则，善意地去拒绝孩子，而不是简单粗暴地呵斥或是无限制地满足。时间久了，孩子就会自然地明白哭不是万能的武器，规则意识也就潜移默化地慢慢建立起来了。

在教育孩子的过程中，老人也万不可越俎代庖，干涉儿女对孙辈的教育。老人在孙辈有不合理的要求时，较多地采取顺从、满足其要求的做法，于是孩子的不合理欲望就会不断膨胀，即使父母想方设法来改变，有老人那张保护伞的庇护，孩子也会有恃无恐，稍不合心意就会大哭大闹，以达到非分的要求。大人之间的不一致，或过多介入，也会让孩子慢慢建立起一种意识，就是别人要对他的情绪负责任，他就不必学习如何面对这种状况了，慢慢地就开始下意识学会用情绪去控制别人了。因此，老人与儿女之间要多沟通，逐渐达成共识，进而采取一致的言行。家长对于孩子的不良情绪，应当多观察，少介入，适时地给予引导。

作为家长，应当懂得尊重孩子的成长规律，用平和悦纳的心态去接纳并正确引导孩子的成长，纠其偏差，鼓励其每一个可喜的变化。可以相信，这样家长和孩子都会有进步的。

孩子在公共场合耍赖怎么办

在美国街头，一位父亲正领着5岁的女儿沿人行道走着。两人一边走一边聊着天，谁知一言不合，5岁的小女孩被惹怒了。瞬间，原本乖巧可爱的小女孩气得小脸通红，呼吸急促，小拳头在空中愤怒地挥舞着，然后便是刺耳的哭声。那么，此时此刻这位美国父亲是怎么做的呢？

只见他从容、平静地离开怒火中烧的女儿，与她保持一定距离并将背随意地斜倚在一旁的墙面上，一脸轻松地望着女儿。待小女孩的情绪有了一些缓和之后，这位父亲才开始用平和的语气与女儿谈话。他说，无论什么事都可以商量，但发怒解决不了问题。女儿明白了父亲的态度而渐渐地平静了下来。一场街头危机就此化解。

在现实生活中，小孩做错了，有些家长虽然会制止，但是会跟孩子说："你怎么可以这样呀，下次可不许喔……""你再这么做，我就揍你！"这是典型的"熊孩子"养成法。为什么不许？家长有没有和孩子讲清道理呢？有没有告诉孩子这样做错在哪里？为什么公共场合喧哗是不合适的？好了，这次家长没有讲道理也就罢了，那在孩子下次犯错时，家长应当遵守诺言严厉地惩戒。结果孩子再次犯错时，家长还是说些不痛不痒的话，家长认为这样已经算是教育孩子了，其实不然，孩子已经不把家长的话放在心上了，于是，接下来孩子又在公共场合哭闹起来，如果家长老调重弹，他会闹得更凶。

家长应当学习上面这位美国父亲，不仅仅是礼貌教育，还应当平心静气地教育孩子，引导孩子明白令行禁止背后的诸多原因，比如告诉孩子任性放肆会影响别人，会影响家庭和自身形象，会给自己造成人身危险等等，而不是一味地单纯呵斥孩子。

如何面对爱发问的孩子

一位3岁的男孩,非常爱问为什么,比如青菜为什么是绿色的、西红柿为什么是红色的、人为什么要吃饭等等稀奇古怪的问题。有时候妈妈会很耐心地为他解答,可是有时候有些问题妈妈也不知道答案,被儿子追着问得很烦。小男孩就像“十万个为什么”一样。

其实很多父母可能都会遇到同样的问题,宝宝突然之间开始喜欢问为什么,对什么都似乎充满了好奇心。为什么孩子喜欢问为什么呢?这代表着宝宝开始对周围的世界产生了极大的好奇心,而其好学的精神也是在这个时候萌芽的。孩子们对周围自然和社会环境中很多事情都感到很新奇,这些事物都可能成为他们好奇的对象。好奇心强的儿童不但渴望从成人那里获得各种关于周围世界的知识,而且还自发地进行各种探索活动。对于好奇的事物,他们会跃跃欲试,不断地去看、听、闻、摸……有时候还会发生一些破坏行为。这些都是儿童主动探索、主动求知欲望的体现,孩子出现这种表现,作为家长应该感到由衷的高兴。

宝宝从小都是非常好学的,面对宝宝的发问,家长的态度往往比答案更为重要。作为父母要特别注意,如果宝宝忽然不爱提问题了,很可能是因为大人面对他的这份好奇心和好学心应对不当造成的。那么,作为家长该怎么做才能保护好孩子的这份难能可贵的好奇心呢?

首先,当宝宝开始问为什么的时候,作为父母要非常地有耐心,肯定他的这份好奇心。比如,父母可以说:“宝宝真是一个好学的孩子!”让孩子觉得他的发问是父母所喜欢的,是值得被表扬和肯定的,有助于提升孩子的自信心。

其次,如果父母知道答案,要耐心地去向孩子解释,父母越耐心、解释得越详细,越有助于扩展他的认知能力。同时这种温暖回应的方式,会让孩子切身感受到父母的爱,得到父母精神上的鼓励与情绪上的抚慰,降低孩子内心的焦虑,对孩子的心理发展是非常重要的。

再次,面对孩子千奇百怪的问题,父母不一定都能给出合理的答案。万一孩子提出的问题家长不会,怎么办呢?此时千万不要着急,也不要指责孩子怎么会有这么多的问题,否则,将会打击孩子的好奇心;时间久了,孩子就不再发问了,因为他觉得万一问了说不定会让爸爸妈妈很烦,甚至还会招来批评,于是也就慢慢不再那么好奇了。所以,这个时候父母要更加心平气和地跟孩子说:"这是一个好问题,但是这个问题我也不知道答案,咱们一起去找找答案好吗?"这样不仅可以保护孩子的好奇心,还可以让孩子对自己的疑问产生行动力,从而不断增强自信。

为什么有的孩子胆子小

在现实生活中，有的孩子就表现得特别胆小，这是为什么呢？

孩子胆小固然与先天气质遗传因素有关，但更多的还是后天养成的。一位妈妈在向专家咨询这方面问题的过程中，好像处处都在意孩子成长中的细节，希望孩子表现得完美，这样问题就来了，一个成人比较谨慎，教育孩子就变成了对孩子各种各样的标准和要求，一个从小被谨慎和严苛的妈妈带出来的孩子，无论做什么，十有八九妈妈都是不满意的。妈妈的这种不满意，孩子肯定会感受得到。

孩子是天使，妈妈的每一个表情、每一个眼神，都会被孩子敏感的内心捕捉到。一个真正欣赏孩子的家长，自然而然会释放出欣赏的眼神；一个对孩子苛求的家长，自然而然会释放出苛责的眼神，所以孩子的感受就会有巨大的差别。长期被欣赏的孩子，内心得到了滋养，充满了力量，自然可以有勇气去做自己想做的事情；长期被否定的孩子，内心逐渐干枯，充满了无力感，缺少征服外部世界的勇气，也缺少做事情带来的成就感，充满了对新事物或陌生环境的恐惧，表现出来就是胆小。

有的父母表现出对于现实家庭生活的不满意，这种不满意也会逐渐消耗掉孩子成长中的自信，使孩子对于探索未知世界充满了恐惧。

总而言之，孩子胆小的问题，问题显现在孩子身上，答案与根子却应当在家庭和家长那里寻找，究竟父母哪些已经习惯了的做法、生活态度、价值观，在无声无息之中影响、消耗着孩子本然的生命力和自信心，如果家长能够反思自我，进而去改变本心，从发自内心地欣赏孩子开始，寻找孩子的闪光点、正能量，孩子的胆量才会越来越大；因为孩子懂得，无论如何，他的家人都会信任与支持自己，家长是自己前进与成长道路上的坚强后盾。

怎样改变心不在焉的孩子

妞妞活泼可爱,对外界的事物抱着极大的兴趣和好奇心。然而,爸爸也观察到一件特别不好的事情:每次出去逛街,她都很容易分神,经常不注意路面的情况,不是撞上路边的障碍物,就是差点被迎面走来的行人撞到。爸爸妈妈苦口婆心地提醒了她很多次,可是都没有多少效果。

一次,爸爸和她走在上击剑课的路上,她东张西望,突然脚下一个趔趄,差点摔个狗啃泥,原来有一块凸起的砖头绊了她一下。

“你就不能好好看路吗?”爸爸疼爱又生气地低声说道。

“有你在我后面嘛,你会帮我看的。”妞妞一脸委屈。

原来如此。父母对她过于保护,让她变得依赖性太强了。爸爸脑海里灵光一闪,对女儿说道:“好吧,现在我跟你玩个游戏,叫做‘我不认识你’。从现在开始,我不再是爸爸,而是一个陌生人,一个你完全不认识的路人,有任何问题你都不能求助我,只能靠你自己去解决。你得独自从这儿走到体育馆,能做到吗?”

妞妞一听,双眼发亮,兴奋地答道:“好啊,我们就玩这个游戏吧!”

妞妞整理好自己的背包,不再回头望爸爸,抬头挺胸大步朝目的地行进。

还别说,这一路可真顺利,妞妞走在前面,爸爸偷偷观察,她不再像之前那样肆无忌惮地东张西望,而是神情专注、小心谨慎地盯着前方,偶尔也会偷瞄一眼路边琳琅满目的商店橱窗,但很快又把目光收回来。

到了体育馆,爸爸一看手表,嚯,比平时走过来还快了两分钟,爸爸很满意女儿的表现,尤其对她表现出来的自信很是欣慰。

试验是成功的,同时也验证了爸爸之前的分析,女儿之所以心不在焉,不注意路况，完全是因为之前觉得有父母在身边提醒保护，才变得懒散懈怠，慢慢失去了保护自己的警觉性。

此后，爸爸妈妈和妞妞经常玩这个“我不认识你”的游戏，她乐在其中，完成了许多家长布置的“小任务”。久而久之，她竟慢慢改正了走路东张西望，不注意自身安全的坏习惯。

如何对待孩子的“奢望”

在日常生活中，孩子经常会给家长提出一些“奢侈”的愿望，家长一方面觉得不能过分溺爱、事事都满足孩子，另一方面可能也有实际的困难，很难都满足孩子。那么，家长如何才能拒绝孩子的要求，而又不伤孩子的心呢？

小强在学校里听到同学说起大海，于是过年时他向父母提出要去海边玩。小强的父母年末工作比较忙，再加上对节日期间一家三口外出旅游的高昂开销很难承受，一时不知道怎么做才能既说服小强放弃他的想法又不伤害到其幼小的心灵。

首先，家长要理解、接受孩子的感受。当一个人的感受被理解后，才能虚心地听取他人的建议或意见，孩子也不例外。当小强表达想去海边的愿望时，父母应当表示理解、接受。

其次，家长要让孩子充分表达他的愿望。“来，坐下来跟妈妈说说你想去海边玩什么？”家长应该给孩子充分的尊重，并允许孩子详尽地表达愿望。此时无论孩子的想法是多么的天真，多么的天马行空，家长都不能斥责孩子，反而应该给予肯定：“哦，原来你的计划如此丰富啊！”这样一来，孩子在心里认为父母理解他的感觉，欣赏他的计划，才有可能跟父母一起继续讨论。

再次，家长要让孩子认识到目前愿望实现的困难。家长可以给孩子详细地讲述出行路线和最佳旅行时间，跟孩子算算大概的花销，再说说父母近期的工作安排和家庭每月的收入及开支情况等。总之，应当让孩子明白不是父母不愿意带他去玩，而是现实条件不允许。最后，父母可以遗憾地说：“我多么希望我们可以带你去海边啊，但是眼下条件还不允许，但我相信我们一定会去，你的计划也一定用得上！”

如何面对爱顶嘴的孩子

在日常生活中，家长们不仅应当允许孩子发表不同的意见，而且还要合理鼓励、倡导孩子的这一行为，千万不要总是搞“一言堂”，比如孩子一旦提出相反意见，家长就训斥：“你怎么总顶嘴，不听话呢？”其实，从某种角度看，喜欢“顶嘴”的孩子往往具有独立思考的能力；更难能可贵的是，他们有勇气表达自己的想法。

现实生活中，大家见过太多的孩子，往往是通过“蛮不讲理”“大哭大闹”来表达反对。与此不同，反对时不用嗓门大，镇静坚定并且逻辑清晰地表达自己的不同意见，别说是孩子，这对很多成年人来说都是十分欠缺的一课，何必常常把“听话”与“顶嘴”对立起来呢？因此，抓住孩子每一次“顶嘴”的机会，教会孩子有礼貌、有教养地发表自己的看法，有理有据地反驳，这才是家长们更需要做的事情。

先不要扣帽子，而是尝试提问与聆听：“嗯，听上去你并不想做这件事，能告诉我为什么吗？”——家长耐心地了解原因。

澄清矛盾分歧，引发思考：“我明白你的想法了，那么现在的问题是，咱们有什么更好的解决方法呢？”——家长引导、帮助孩子理解不同立场，启发孩子如何找到一个“双赢”的解决方案。

及时复盘：“你看，每个人都会有不同的想法，当出现不同想法时，咱们需要去问清楚，了解对方怎么想，共同找出解决办法。不需要通过大吼大叫来表示不满”——让孩子明白，有理有据地提出异议，是一个好的方法，常常会被聆听和接纳。

如何引导大宝处理好与二宝的关系

现在很多二胎家庭都会遇到大宝与二宝的关系问题，尤其是大宝的情绪问题常会令父母感到十分棘手，但是又不知道原因是什么，更不知道应当如何才好。一般有两类孩子最容易产生心理问题：一类是家中被过度宠爱的；另一类则是在家中曾受冷落的。现在的孩子往往自出生以来，就受到家长太多的关爱与呵护，他们很享受独占父母的爱，而十分担心有人会抢走和分享。

心理学家的调查和研究显示，大宝与二宝最好的年龄间隔是3～4岁。因为这个年龄阶段的大宝还不太懂得“嫉妒”的感受。如果家长关注得体，教育得法，问题不大；但是，超出了这个年龄阶段的大宝，已经懂得或者能够体会到“嫉妒”带给他的痛苦，他的敏感会导致其过度地去体验那种“被冷落感”。这样，他就会产生怨恨的情绪，继而引发因妒忌产生的一系列行为。

试想，大宝认为是二宝的到来带走了他所有的幸运，自己不再是家里关注的中心，不能再独享父母的关爱，这种妒忌情绪一旦产生，不是教育就能够轻易消除的，更不是父母加倍小心翼翼就能抹去的。

有二胎的家庭，家长要用心去处理好老大与老二的关系，关注他们的心理健康问题。大宝与二宝之间存在的竞争是“同胞竞争”，其主要特点就是相互之间的比较。如果家里的二宝比较小可能暂时还没有这个意识，但是在大宝身上就会有体现，比如无论什么都要和二宝争抢。这种竞争意识处理得好，将来会变成良好的竞争，会使孩子变得更有挑战精神，在未来的同胞竞争中善于比、学、赶、帮、超；可是如果处理不好，就会使孩子的性格发生变化，变得爱生气、敏感、喜欢顶嘴，学习成绩一落千丈，破罐子破摔等，这些都会影响孩子的身心健康。

建议家长首先要注意大宝行为品德的培养，不要以说教的方式告诉他要如何谦让二宝、如何停止对二宝的嫉妒，而是告诉他在竞争中要注意礼貌。如果发现他们争抢物品，要告诉大宝用自己礼貌的语言和行为去说服二宝，让二宝自愿放弃(因为一般二宝还小，很容易放弃坚持)。如果二宝放弃了，家长要告诉大宝，二宝的放弃是因为对大宝的爱，而不是他自己真的不喜欢。家长应当以这样的方式，让大宝体验到同胞之间的相亲相爱，减少敌对和妒忌。

其次，家长要主动邀请大宝和父母一起参与家庭事务的商讨，比如应该给二宝挑选什么款式的衣服和玩具，给二宝办一个什么样的生日派对等，让大宝觉得父母对自己有充分的信任，因而增强自己的责任意识。当大宝做得很好的时候，家长应当给予充分肯定和鼓励。其实，所谓给予大宝更多的关注、加倍的爱，不是指小心翼翼地迎合，更不是无原则地迁就，而是进行更多的互动、给予充分的信任，让孩子感受到父母与他之间的那种亲密的关系，这样他就会主动接纳二宝、主动分担父母身上的担子，他就会感到自己在这个家庭中的重要地位和应当肩负的责任。

再次，家长应当未雨绸缪，为避免一胎子女情感上受到二胎带来的伤害和挫败，需要父母和家庭其他成员的积极引导和抚慰，父母在孕育前有必要告诉大宝，爸爸妈妈很想再要一个孩子，让他有个伴，目的是让大宝有心理准备。

这里需要强调的是，要不要二胎不需要征求大宝的意见，更不要问一些你愿不愿意爸爸妈妈生弟弟妹妹一类的问题，不要让大宝误以为二胎的决定权是他说了算。家长只需要告诉大宝，就算有了弟弟妹妹，父母也一样地爱他，他和二宝都会得到父母的爱。

教会孩子拒绝他人

生活中，一个不会拒绝他人的人，很容易被别人左右，一个没有任何主张的人，很容易给自己带来危险。

家长教孩子学会拒绝他人，能让他们学会既不过于迁就他人，又可以友好地与他人相处，这是一个孩子成长过程中不可缺少的功课。

第一，让孩子坚持自己的决定。有些孩子不敢拒绝小伙伴的要求，往往是害怕小朋友不跟自己玩，因此，不管小朋友要什么东西，孩子都会拱手奉送，但是事后他就后悔了。这种情况经常发生在年龄较小的孩子身上。家长要逐渐培养孩子的果敢品质，引导他们对自己说过的话、做过的事，勇敢地承担责任；一旦拒绝小朋友，就应当预见到受冷落的后果，并且勇于承担起这一后果，而不是过后就反悔。

第二，教孩子正确认识“面子”。孩子不敢拒绝他人，可能是为了照顾面子。比如，虽说自己的钱是父母给的，但当别人向他借钱去玩游戏时，为了要面子还是会借给别人。如果面子是为了维护个人尊严，那么它应该是积极的；如果面子是为了满足个人虚荣心，则这种面子可以舍去不要。

第三，教给孩子委婉拒绝的技巧。家长要教给孩子一些委婉拒绝的技巧。比如别人向自己借画笔，如果不愿意借，可以说“我用完后再借给你吧”或是“一会儿上课我还要用呢”。

家长除了教孩子学会说“不”之外，还要教孩子泰然接受他人说“不”。在孩子小的时候就强化一个观念：别人的东西不属于我，我要想玩，只有与别人友好协商，在别人同意的情况下，才能享用一会儿，归还时不要忘了礼貌地说声“谢谢你”；如果别人不愿意借，自己应该坦然接受。

教孩子学会等待

一位6岁女孩的妈妈，对女儿从小的教育原则之一就是不过多地满足她，比如坐摇摇车，去超市买东西，都会给她定规矩。但是，随着女儿年龄的增长，她的物欲越来越强，见到其他小朋友的东西她都想要，甚至出现请求其他小朋友让她舔一下冰激凌的尴尬场面。对此，这位妈妈十分焦虑，询问怎样才能锻炼孩子抵制物欲的能力。其实，要解决这一问题，可以用到一个方法——“延迟满足”。

所谓“延迟满足”，是指一种甘愿为更有价值的长远结果而放弃即时满足的抉择取向，以及在等待中展示的自我控制能力。延迟满足不是单纯地让孩子学会等待，也不是一味地压制他们的欲望，而是培养一种克服当前的困境而力求获得长远利益的能力。家长要让孩子意识到不是想得到什么就马上能得到什么，想做什么立刻就能做什么，而是需要等待，需要创造条件，需要克服眼前的困难，所以家长对孩子的某些要求不要立刻给予满足。

管教孩子，一定要立规矩、有原则，规矩是前提，没有原则不成方圆。但是，有专家调查过，如果对孩子过于讲原则，孩子在社会中抗挫能力往往会更差，因为社会中黑白边界并没有那么清晰。6岁的孩子看到别的小朋友有的东西也想要，这种需求很正常，要考虑到儿童的特点，适当满足他的心理需求，要根据具体情况把握好分寸。过分地简单限制孩子就会使其更加渴望得到。家长可以拒绝孩子的要求，但是要对孩子讲清楚拒绝他的理由，在这里重要的是沟通与引导，在此基础上家长还可以与孩子讲明当前实现要求的困难和问题，共同研究克服困难、解决问题的条件与办法，并且鼓励孩子主动去解决当前的问题，创造条件去实现自己的要求，而千万不能简单地一概拒绝了之。

超市也是教子的课堂

昨天，一位朋友带孩子去了一趟超市，结果让她叫苦不迭。因为她儿子在超市里到处乱窜，她到处追赶。最令人头痛的是，明明约定好这次去超市不买玩具，可儿子还是非要买一把玩具枪，不答应就撒泼打滚。一圈下来，朋友筋疲力尽，在心里暗暗发誓：宁愿和儿子在家里大眼瞪小眼，也不要带他去超市了。

其实超市就像一个小型社会，一个在超市里表现良好的孩子，在社会上的表现也不会太差。超市也是教育孩子的一本隐形教科书，里面也有往往被家长们忽略的教育契机。

1.超市，让孩子学会取舍和选择

前两天，看到一个很有意思的故事。人们正在超市排队结账，后面有个小男孩忽然高声宣布："我优柔寡断，所以买了两包！我优柔寡断！"一边说着，一边往妈妈的购物车里装了两包点心。大家正笑这孩子都哪儿学的成语，太可爱了，却听到孩子妈妈严肃地说："优柔寡断的男人，最终两包都得不到。"说完，她把点心拿出来，放回了货架。这位妈妈在教孩子鱼与熊掌不可兼得，只有学会了舍，才能真正得到。

2.超市，让孩子认知世界

一项社会研究表明，逛超市可以教给孩子统计学、交通安全课、语文课、数学课、劳动课、绘画课、课外阅读课、社会课以及体育课九大课程，是不是很不可思议？

孩子的教育可以在教室，也可以在超市。他们通过商品包装袋和促销海报，学会了认字；通过价格标签，学会了认数字；通过列举购物清单，学会了做事的条理性和计划性；通过付钱，有了最初的金钱观；通过排队，学会了等待和自我约束；买完东西，家长分一小袋让孩子拿着，也让孩子学会了分担和责任。

3.超市，培养孩子的好奇心和思考力

美国有一位叫布里坦尼森的高中生，凭借一篇“神文”，被耶鲁大学等6所顶尖学府同时录取。而在她的“神文”里，写的就是她从小到大的超市购物体验：

> 2岁时，我终于摆脱开妈妈的双手冲进了超市。没错，在超市里横冲直撞、精力旺盛，连四肢都管不住的那个2岁小女孩就是我了。我在过道上冲刺短跑，饱含敬畏地看着那些远远高于我的堆叠成山的货物。我真是对这些太好奇了，我想去触碰和品尝，想把脑袋伸进巨大的冰箱中，想去探索每一个缝隙。

家长们会发现，孩子在面对超市时都有着天然的好奇心和求知欲。如果父母嫌麻烦，就阻止孩子到处探索，不带孩子去超市，那会生生剥夺孩子们多少学习的机会啊！很幸运，布里坦尼森的父母给予了她充分的自由探索空间。她开始观察周围顾客的习惯性动作，观察他们的购物车，好奇他们的生活；她看着超市里的热狗和酸奶油，思考着它们是否有其他的创新用法；她看着货物从货架上掉下来，思考它在做哪种抛物运动；甚至在巧克力酱之前，她想的问题都是关于人类的自由意志……正如她所说，“强烈的求知欲和对超越理性思考边界的探索，共同造就了今天的我”。爱因斯坦也曾讲：“我没有特别的天才，只有强烈的好奇心。永远保持好奇心的人是永远进步的人。”

4.超市，让孩子体验生活和学会生活

菜市场和超市，可以说是两个最具生活气息的地方了。成年人可以通过这里获得新知，体验到什么是生动的生活，孩子也是一样。

如果家长想让孩子爱上超市，爱上充满烟火气息的生活，找到人生的方向，那么就应该时常带孩子一起去菜市场和超市购物，教会他们体验具体的生活，热爱果蔬，培养他们对烹饪产生浓厚的兴趣和爱好，提升自我独立生活的能力。

家长们，想教育孩子吗？那就经常带孩子去超市吧，让孩子爱上热腾腾的生活，这种事情永远不嫌早啊！

孩子有攀比心理怎么办

攀比心是一个沉重的话题，几乎所有的孩子都有。应当说，适当的攀比是可以接受的，但是如果过重呢？家长又该怎么应对呢？

每当孩子和别人攀比时，一般家长总会认为孩子争强好胜理所当然，是上进的表现。然而，家长却忽略了一点，就是严重攀比的心理，会使孩子形成“孔雀心态”。“孔雀心态”，是指孩子在成长的过程中所形成的、任何事情都要去争强好胜、比较胜负的一种虚荣心态，这种心态就如同一群孔雀在炫耀自己的羽毛一样。孔雀开屏虽美，却有一种炫耀和攀比的心理在里面。在这种心态之下，若没有得到第一名，比别人更好，孩子的心灵受到的打击往往更大，长此以往，容易导致心态畸形。

据专家分析，“孔雀心态”形成的原因主要有两个：一个是孩子对家长“孔雀心态”的模仿，如看到家长有意无意间和身边朋友攀比衣饰、房子装修、汽车品牌、旅行目的地而有样学样；另一种则是家长过度溺爱、过度称赞孩子造成的，什么都是“你第一”“你最棒”，令孩子最终养成了凡事争强的心态。

模仿，是孩子的认知在提升过程当中的最重要的步骤。家长是孩子的启蒙老师，是孩子的榜样，孩子在模仿家长的过程中，就会和身边的小伙伴进行攀比，如比较谁的朋友更多、谁玩具更好玩、谁被表扬的次数更多等。而过分宠溺孩子，时常挂在嘴边的“你第一”“你最棒”等，也会让孩子在家长的宠溺和夸耀下认为自己应当是“最好的”，认为自己是中心、是焦点，但凡有超过他的人出现，心里都会产生落差、产生不满，继而缺乏安全感。

建立孩子的安全感，犹如建立孩子对社会未来的认知。但是，一旦形成“孔雀心态”，孩子就会打掉自己原有的安全基地，从而变得缺乏这样的安全感。

“这个考试,我没拿第一,是不是我不如他呢?”“同学过生日没请我去,是不是我在班里没有威望?”拥有“孔雀心态”的孩子通常很在意他人的评价。为此,家长要引导孩子明白,每个人都是独特的个体,都有自己的优点和缺点,要帮助孩子找出其优点,培养自信心,使孩子知道他也有让别人羡慕的地方,同时,还要引导孩子看到自己的缺点及他人身上的优缺点,取长补短,扬长避短,这样才能从根本上逐渐平息他的攀比之心。此外,家长也需要以身作则,改掉那些喜欢攀比和争强好胜的过于偏执的行为,以平常心态对待生活当中的胜负,用学人之长、补己之短、努力奋进的精神面貌去引领和鼓舞孩子。

真正的教养在每天的饭桌上

周六和朋友吃饭，其中有对夫妇带了个3岁的小女孩，其间小孩子一会儿要这个，一会儿要点那个，基本没消停过。旁边的朋友问妈妈："是不是比较少带她出来？"妈妈回答："不是，经常出来的。"很明显，孩子缺少的不是出门的机会，而是饭桌上的规矩。

有次参加集体活动，见一个孩子每上一道菜他都第一个夹，想吃哪个菜就转到自己面前。常常别人正夹菜时，盘子就被他转走了，筷子悬在空中，很是尴尬。菜少人多，有人没菜下饭，可他盘子里却堆得满满的，最后吃不掉剩下了。

席间，听他妈妈与旁边的熟人聊天，妈妈说了很多孩子学习的事。孩子各科成绩都挺好，个儿高，长得帅，是班上的升旗手。即便这样，妈妈还不满意，说打算给孩子报一个外面的培训班。照这样发展下去，20年后，这个孩子会不会变成一个高工资、高成就和高社会地位的"三高"人士呢？未必！如果家长不及时纠正，他恐怕还很有可能绊倒在"教养"两个字上。

礼仪教育之所以重要，是因为人有社会性。人们每天都与周围的人接触、联系，而饭桌就是发展社会关系的重要场合。毫不夸张地说，真正的教养在饭桌上。孩子在饭桌上的行为，体现了父母的素质。餐桌是重要的社会交际场合，餐桌礼仪的培养是必需的。家长们千万别以为这些等孩子们大了，或者出门时再教也不迟。

再讲一个故事。

有个人埋头苦吃酒店的自助餐，根本没空理睬旁人。这些"旁人"中，恰好有一个是他老板的老板，据说当场就要辞退他……虽然后来没有炒成，但他因贪吃沦为笑柄，现在做着一份高不成低不就的工作，与他的高学历不相符。

个人最终取得的成就、社会地位与很多因素有关,教养绝对是其中一个极为重要的方面。如果孩子苦读多年后拿到了高学历,获得了许多证书,却因为一顿饭留下的糟糕印象而错失机会,做妈妈的你,会不会后悔20年前教给孩子的饭桌礼仪以及教养培育太少了呢?

教孩子以“身体语言”展示自信

自信，总能赋予人一种特殊的气质。事实上，当一个人开口说话之前，身体语言就已经透露了其此时此刻的精神状态与心理活动。所以，在孩子成长的过程中，家长在以身作则的基础上，还应当教给子女一些必要的文明礼仪，包括这里所说的“身体语言”，让孩子可以通过它来展示自信。

1.挺胸站直身体

家长应该让孩子明白，站直身体是在与人交流过程中展现自信的最重要的方式。在走路或站立时，双肩稍稍后拉，胸部微挺并且收腹，这样有助于养成保持挺直站姿的习惯。

2.保持微笑

孩子天真无邪，无忧无虑，其甜美自然的微笑，可以拉近人际距离，同时让人看上去非常自信。

3.打扮得体

孩子整洁的衣着、发型和清洁的面容等，都由里及外地焕发着自信。

4.神情放松，但要避免手插口袋

如果孩子将手插进裤子口袋，就会给人留下自信不足的感觉。同时还会让人觉得懒散，由此产生不好的印象。父母应当告诉孩子，可将双手自然地垂于大腿外侧，这样令人看着舒服，自我的自信感亦倍增。

当然，外在的自信与内在的自信是一对孪生兄弟，两者是相辅相成的。

给孩子自由还是纪律

培养教育孩子，是应该尊重孩子的天性，给予其足够的自由，还是应该设定严格的纪律，帮助孩子早日适应社会规则呢？这是很多家长都会遇到的问题。

1.给孩子什么样的自由

随着社会突飞猛进的发展，随处都可以听到这样的呼声：要给孩子自由。什么是自由？《牛津大辞典》对“自由”的解释是“按照个体心愿行动言语和思考的能力或者权利”。按照这个解释，自由是一种权利，但同时也是一种能力，也就是控制力。有了控制力，孩子才会慢慢由“他律”到“自律”。

幼儿的意愿总是有限的，很容易得到家长的包容，随着孩子能力的扩展，他们的自我意志也在增长。这个时候，他们的自我意志就开始和周围的环境产生冲突。在实现自我意志的过程中，孩子们通过和周围环境的互动来了解自己的言行的边界，家长在其中应当扮演一个引导者的角色，既要提醒孩子注意遵守规则，又要帮助孩子理解规则背后的合理性。

那么，家长给孩子自由，应该把握好哪些尺度呢？一是在可控风险内给予孩子自由。二是在待人处事问题上给孩子以自由。三是在对事情的态度上，家长要保护孩子探索的自由。四是不应在习惯规则上给孩子以自由。当然，给予孩子自由，与家长适当合理的引导不能截然分开。

了解游戏规则，是玩游戏的必要前提。同样，学习和掌握社会规则是孩子们获得在公共场所自由活动的必要前提。如果家长误认为规则是在限制孩子的自由，就会无视甚至鼓励孩子破坏规则的行为。那样，孩子的种种“熊”行为就会层出不穷、毫无节制地涌现出来。

2.既严又宽的教养方式

在同一种教育理念下，教养方式的不同，对孩子的人格影响大有不同。比如，同样让孩子自由玩耍，关心孩子的家长会思考如何引导孩子总结玩耍的乐趣，冷漠的家长则认为玩耍就是玩耍，这样就产生了专制型、溺爱型和冷漠型等几种常见的病态教养方式。

专制型的家长对孩子的要求很高，限制性非常强，为了迫使孩子服从，经常说教、命令、批评、贬低、惩罚孩子，而且不能及时地鼓励和表扬孩子，也不注重孩子的反馈，更不关心孩子的需求和兴趣，长期处于这种高压之下的孩子，自卑，缺乏安全感，畏畏缩缩，不喜欢交朋友。

在现实生活里，还有一种孩子，他们思想幼稚、行为冲动、没有恒心、依赖性强，也就是俗称的“熊孩子”，这是由于家长的放任、溺爱造成的。这样的家长对孩子充满了无尽的期望和爱，响应孩子提出的一切要求，同时又不制定规则，很少对孩子提出要求，任由孩子表达自己的感受和冲动，这样的孩子大部分是由祖父母带大的。

如果家长们认为任性就是坏孩子，那就大错特错了，因为还有一种更可怕的“熊孩子”，他们同样易怒、充满敌意、自私、叛逆，常常是校园欺凌的主角。他们的父母对他们来说，就像陌生人。家长往往只给孩子提供最基本的照料，对孩子的其他正常需求则表现得无能为力，或漠不关心。这样的孩子，有的是父母忙于工作与生计而无暇被顾及，有的则来自单亲家庭或者是留守儿童。

大部分情况下，有祖父母一代参与教养的家庭，应该说祖父母一代更善于接纳、响应孩子，父母更善于要求、控制孩子，所以，根据祖父母、父母两代的不同特点，应该有一个合理分工的问题。

合理地教养孩子，家长应该对孩子提出适当“高”和“严”的要求，并根据孩子的身心发展程度提出明确合理的目标，认真加以解释；给予孩子一定的空间，允许其在能力范围内自行决策，尊重其需求，重视其兴趣，耐心倾听孩子的想法，家长扮演好孩子的“引导者”。

在祖父母一代与孩子父母共同教养的家庭，两代人可以分工扮演“引导者”的一部分：孩子父母工作忙碌，祖父母一代就承担起听众的责任，给孩子认可；祖父母一代的精力有限，孩子父母就承担起玩伴的责任，给孩子乐趣；孩子父母急躁，祖父母一代可以承担起引导的责任，给孩子温暖；祖父母一代心软，孩子父母就承担起老师的责任，给孩子规矩……这样的分工，虽然不够完美，但家长也能给予孩子一个既严又宽的权威型教养环境。

与孩子交流的秘诀

曾经有一个很有名的“3000万字差距”理论，引起了世人的高度关注。

1995年，美国人类学家贝蒂·哈特和托德·雷斯利花费了两年时间，跟踪调查了42个家庭，记录家长和孩子之间的对话，并对孩子们的智商作了测试。结果，他们发现贫困家庭的孩子智商是79，而富裕家庭的孩子是117。最后得出一个结论：出生在贫困家庭的孩子，到4岁时，与出生在较富裕家庭的孩子相比，会少听到3000万个英语单词。后来，在孩子们10岁时，贝蒂和托德进行了回访，回访后发现，词汇量大的孩子学习成绩更好。

著名的“3000万字的差距”这一理论应时而出，而这一理论也成为如今许多家长和培训机构的行动指南。很多家长开始给孩子做启蒙教育，让孩子读更多的书，让孩子上早教班。根据网络调查显示：73.22％家庭的孩子曾参加读书打卡、上早教班等启蒙活动。然而，这些启蒙活动真的能够达到家长们想要的效果吗？

前不久，麻省理工学院、哈佛大学和宾夕法尼亚大学共同组织研究一个新项目。他们在波士顿地区，以30多名4～6岁的儿童为研究对象，在孩子们听故事时，扫描他们的大脑活动，并且回顾孩子在家与家长互动的录音。结果发现，与家长交流频率越高的孩子，大脑中语言相关区域的活动就越强，而与这个家庭的收入和教育程度无关。即使生活在富裕的家庭中，若家长和孩子交流较少，孩子的语言能力和大脑反应能力同样较差。反之，即使生活在贫困家庭，家长和孩子的交流较多，孩子的语言能力和大脑反应也会比较发达。这一研究还发现，孩子大脑的活跃程度与听到的词汇量无关，而是与会话频率强烈相关。那些与家长交谈更多的孩子，在测试的过程中取得了更好的分数。显然，交流频率比词汇量更为重要。

《麻省理工科技评论》说:“家长和孩子谈话可以影响孩子大脑的生物成长,这非常神奇!”为什么这样说? 因为孩子从小就是一个社交型学习者,他们会从身边让他们有安全感的人身上学习。所以,孩子的第一学习对象就是家长。家长和孩子说话,不会只是语言交流,还会有肢体动作、面部表情、以及反应能力、社交方面的信息等。以上这些才是有助于发展孩子语言能力、社交能力和口头推理能力的关键因素。因此,专家认为孩子们的认知、语言发展和思维方式都是从与家长的对话中获得的。

也就是说,影响孩子大脑发育的,不是词汇量,而是家长与孩子的交流频率和方式。孩子之间的差距,也不是因为孩子的词汇量不够,而是与亲子交流的多少有关,所以交流频率才是影响孩子大脑发育的最终决定性因素。

在孩子成长的过程中,家长不仅要让孩子学习更多知识,更重要的是应当与孩子不断交流。要认识到以下几点:

一是主动交流,是最有效的交流方式。只要留意就会发现,其实家长们随时随地都可和孩子交流。比如,问孩子想吃什么饭,一问一答就是与孩子在交流。再比如,讨论某一种食材要如何做,是炒、蒸还是炸,也是一种交流方式。还比如,孩子穿衣服,如何搭配,都是交流的一种形式。总之,家庭生活中,交流无处不在。

需要注意的是,这些时候一定要进行引导式的交流,让孩子也参与进来。切不可强势地认为孩子还小,要求孩子事事按照自己的意见行动,而是应该借助这些生活细节,增加与孩子交流的机会,引导孩子愿意交流、喜欢交流,因为过程比结果更为重要。

二是触景交流,是最有用的交流方式。不分场景,家长在任何情况下都应当积极与孩子交流。比如,晚饭后和孩子散步,可以边散步边聊天,聊聊周围看到的景色、建筑以及动植物等。邻居的家长和孩子聊天就做得特别好,每天晚饭后都会带孩子散步,在路上,和孩子聊附近的建筑、风景。孩子总会有奇怪的问题:“爸爸,为什么这栋楼看起来是斜的?”“妈妈,为什么树砍断是圆的?”“为什么这只小狗没有主人?”面对这些幼稚的问题,家长都耐心地回答,同时,也会引导孩子积极思考。触景交流,可以让孩子在看到听到感受到的同时,加深记忆,锻炼逻辑思维能力。

三是讲和孩子有关的事情,是最亲密的交流方式。邻居家房子正在装修的那段时间，他每天晚上睡觉前都会给孩子讲："宝贝，最近你的房间装出来了，爸爸妈妈给你贴了地中海风格的壁纸，蓝色的壁纸，上面还有小船，有游泳圈，还有船锚。还给你买了地中海风格的小床，蓝色和白色的组合，上面还有小书架，你可以放你的故事书。还给你买了小汽车的台灯，看上去可帅气了！"

他本以为这些话是在孩子睡觉前讲的，孩子迷迷糊糊的记不得。却不想，有一次，他带孩子到新装的家关窗户，孩子看到壁纸上的小船对他说"爸爸，我的小船壁纸"，指着台灯对他说"爸爸，我的小汽车台灯"，原来孩子都记着呢。

另外，家长还可以经常与孩子一起回忆他们小时候的点滴故事。有这样一个特别典型的场景。全家人吃饭时，妈妈问儿子："在你刚学会吃饭的时候，特别喜欢吃胡萝卜，不给你吃胡萝卜就哭，现在怎么不爱吃了呢？"孩子很认真地想了想，放下手里的排骨，夹起胡萝卜故作美味地吃了起来，还让妈妈讲讲自己小时候的其他故事。你看，讲和孩子有关的故事，既能加深亲子之间的交流，更能拉近亲子距离。

四是站在孩子的角度交流，是孩子最喜欢的一种交流方式。家长要与孩子保持统一高度，比如，蹲下或者坐在孩子身边。孩子问的问题和说的话，家长不能觉得是幼稚，而是站在孩子的角度，想想孩子为什么这样说。而且与孩子一起交谈时，应当仔细聆听、耐心回答、不厌其烦，切忌做谈话的终结者。

家长如同一盏明灯，时时照亮孩子前进的道路，而交流就是这盏明灯放射的光芒，能够让孩子在正确的道路上一路前行。

如何表扬孩子才有效

当孩子一件事做得很漂亮，或者学习取得了很大的进步时，家长一定非常高兴。这时候，家长应怎样表达自己的喜悦并恰当地表扬孩子呢？家长应该对孩子说“你真棒”“太漂亮了”“你真了不起”这样的话吗？

国际著名亲子专家阿黛尔·法伯和伊莱恩·玛兹丽施认为，“漂亮、真棒、真好”这类的词语，属于评价性语言。评价性的语言会阻碍孩子前进的脚步，对孩子说话，家长不宜作出此类评价，避免评价孩子的性格和能力。家长最好使用描述性的语言，描述个人的见闻和感受。

比如，一个小女孩画了一张画给妈妈看，问妈妈：“我画得好不好？”妈妈应怎么回答呢？心理学家认为应该这样回答：“我看到一座紫色的房子、红色的太阳、带条纹的天空，还有很多花。它让我觉得仿佛来到了乡村。”这就是描述性语言。

结果呢？小女孩听后微笑着说：“嗯，我再去画一张。”描述性语言是和孩子共鸣，让孩子感到被肯定，有成就感，从而有了信心，使她兴趣盎然。

假如使用评价性的语言呢？“真漂亮，你真是个了不起的小艺术家！”孩子听了也许挺高兴，但可能就不会接着再画了。因为得到了“漂亮”和“了不起”这样的评价，她没有了继续突破的动力。

评价性的语言会阻碍孩子前进的脚步，描述性的语言才给他真正的自由。

两者真有那么大的差别吗？你不妨试一下，看看孩子的反应怎么样。

我国现代著名教育家、儿童心理学家陈鹤琴说：“小孩子是喜欢成功的，喜欢被称赞的。”因为事情成功，一方面自己感觉很有趣，另一方面可以得到父母或者老师的赞许。一有成就，就很高兴，就有了自信力；所成就者愈多，自信力就愈大，事情也就愈容易成功。

孩子的成长需要肯定、表扬和欣赏，对小孩子，要不吝表扬。

但是有的妈妈说："我现在都不敢表扬孩子了，表扬多了怕她有骄傲情绪。"

表扬没有错，表扬是培养孩子自信、激发孩子内在动力的好方法，但是表扬要"实"，不能"虚"。表扬不是泛泛地夸孩子"你真棒""你真了不起""真聪明"，而是使用描述性的语言，指向孩子的行为过程，肯定孩子的自身努力，激发孩子的兴趣和动力。比如，期中考试孩子的成绩提高了不少，你可以对孩子说："真为你感到高兴！我发现你最近写作业很专心，每天的作业都完成得很漂亮！你自己觉得进步的原因是什么呢？……"假如只是夸奖孩子一句"你太棒了"，孩子能接收到什么，得到什么滋养呢？

有专家将家长平时对孩子的"表扬"作了如下分类：

"你很棒""你真聪明"这样的表扬，作为家长对孩子的一种整体性的判断，指向孩子自身，从心理学角度叫作"个人取向的表扬"。

"这次你考得不错""这篇作文你写得真好"，这样的表扬反映的是孩子行为的客观结果，从心理学角度叫作"结果取向的表扬"。

"你今天做作业能认真思考""你处理这件事的做法很正确"，这样的表扬是对孩子行为过程中的努力程度或运用的方法进行的肯定和表扬，指向行为的过程，从心理学角度叫作"过程取向的表扬"。

专家指出，这三种不同指向的表扬，尽管都能起到激励孩子的作用，但认真琢磨一下，它们对孩子所起的长期作用是不一样的。因为从心理学归因理论的角度来看，这些口头语实际上是在教给孩子一些不同的"归因"方式。归因理论者认为，个人对其成败原因的归纳分析，广泛地影响着后来行为的动机。不同的归因，对孩子所产生的影响是大不相同的。当孩子倾向于个人天赋及能力归因时，就会认为自己很聪明，能力强，因而信心十足，甚至趾高气扬。可是，一旦遭遇失败，就会认为自己脑子笨，能力弱，因而丧失信心，听任失败的再次到来。当孩子倾向于努力归因时，面对成功，会认为是自身努力的结果，就会鼓励自己继续努力，并期待今后再次获胜。而当面临失败时，也会认为是自身努力不够造成的，会产生只要继续努力，下次一定能获得成功的想法。

由此可见，家长在对孩子进行表扬时，一定要注意表扬语言的科学运用，少用评价性语言，多用描述性语言，更多地运用过程取向的表扬，减少或尽量不用个人取向的表扬，这样，表扬才能真正成为激励、鼓舞孩子继续努力、健康成长的动力。

怎样批评孩子效果好

批评,是家长在教育孩子过程中经常用到的方法。但是,不同的批评方式,效果也不尽相同。

比如,孩子喝牛奶时不小心弄洒了牛奶,有的家长开口就说:“你怎么这么笨,连个牛奶都拿不好?总是这么毛手毛脚的,什么事都干不好!”

这样“批评”孩子,会产生什么效果呢?孩子可能根本没有听进去,下回“依然故我”,“照犯不误”;也可能听进去了,知道自己在家长眼里是个“毛手毛脚的人”,“什么事都干不好”,便对自己做好事情失去信心。总之,这样的批评对于孩子做好事情没有任何帮助。

应该怎么说呢?不妨试试这样做:牛奶洒了,家长赶紧递给孩子一块抹布,先让他擦擦,然后亲自示范一下,告诉孩子:以后端牛奶要这样。孩子是不是就知道下回该怎样做了?也许下回他还是不一定能做好,但给他时间,他一定能做好。

再比如,孩子拿回考试的卷子,家长一看得了 80 分。就问:“你们班有多少个考 90 分以上的?”听孩子说有一半都得了 90 分以上,家长立马急了:“人家都考得那么好,怎么你考得这么差?你就是不好好学,干什么都不认真!”这样一顿数落,结果会如何呢?孩子会更加努力吗?成绩会提高吗?

耐心的家长会这样做:“来,咱们一起看看你的卷子。看看哪道题对了,哪道题错了。”然后了解分析孩子失分的原因:是真的不会、没掌握知识,还是粗心做错了?又或是没有读懂题意?找到原因,才能对症下药,给孩子真正的帮助。

家长给孩子指出错误,其最根本的目的是让孩子不再犯这个错误,学会怎样做是正确的。一些家长认为,告诉孩子做得不对,他就会改进。其实,处于学习初始阶段的孩子,各方面能力还不够强,很多错误或者不足属于“能力”“认知”问题，也就是说，这个年龄的孩子心智发展就是这个水平，难免出现这样的情况。很多时候，孩子不是不想学好，而是不知道怎样做才能学好，不知道怎样才能改进。

比如，孩子在写字，爸爸认为写得不好，可能会说：“这个字写得不好，擦了，重写。”孩子写一遍，爸爸可能觉得还是不满意，再让孩子写。写来写去孩子烦了，而爸爸还是不满意，结果就可能大人孩子两不欢，孩子的字也没写好。在这种情况下，家长该怎么做呢？应该具体告诉孩子哪一个笔画写得好，哪一个笔画写得不对，哪个横或者哪个竖有问题，或者是间架结构有问题等等。并且，家长可以给孩子示范一下该怎么写，这样孩子就会有样学样，知道该怎样做了。

对于孩子的错误，父母仅仅告诉他做得不对还远远不够，应当让孩子明白错在哪里，让孩子真正知道怎样做是对的。在这个过程中，父母要有耐心，给孩子足够的时间来消化、改进。孩子每进步一点点，都应当得到家长及时的欣赏与肯定，这样孩子就会做得越来越好，直至达到理想效果。

这里，再分享一个如何面对孩子错误的经典故事。

科学家斯蒂芬·格伦在医学领域的多个方面均有重大突破。当采访他的记者们问，是什么让他具有普通人不及的创造力时，他提到了幼年时的一段经历：一天，他试图从冰箱里取一瓶牛奶，取出后刚走几步就失手将奶瓶掉在地上，顿时厨房里一片狼藉。他的妈妈闻声而来，却并没有发火，也没有说教，更没有责备惩罚他，而是说：“哦，我从没有见过这么多的牛奶洒在地上，真有意思啊！好了，反正已经洒在地上了，在我们收拾干净之前，你想玩一会儿吗？我想，玩牛奶也一定很有意思。”而他竟真的就玩起了牛奶。几分钟过后，妈妈说：“牛奶是你洒在地上的，也应该由你来收拾干净。现在，我这里有海绵、抹布和拖把，你想用什么？”他选择了海绵，将地上收拾得干干净净。接着他的妈妈又说：“刚才你拿奶瓶没拿住，说明你还没有学会如何用一双小手拿一只大奶瓶。现在，我们到院子里去，在一个瓶子里装满水，看看你能不能发现一个很好的搬运方法，使瓶子不会掉到地上。”他通过反复实验，终于知道如果他用双手握住瓶口的位置，则瓶子在搬运的过程中就不会掉落下来。

这位著名的科学家后来回忆说，正是从那个时候起，他明白了一个道理：人无须害怕犯错误，错误往往是学习新知识的开端。

孩子犯错，显然是教育的契机。孩子是在犯错与纠错中成长发展的。亲爱的家长，你让孩子在错误中收获了什么呢？

怎样帮助孩子改掉不良习惯

“儿子,我说一句话,你知道什么意思吗?”8 岁的儿子洗完澡,爸爸一边递给儿子睡衣一边说道。

“什么话?”

“一个正确的动作,重复一千遍,就成了好习惯;同样,一个错误的动作,重复一千次,就成了坏习惯。”

儿子似在沉思,低头不语。

“我给你讲个故事吧。”爸爸拿起吹风机给儿子吹头发,“有个小伙子去学理发。理发师傅指着一堆冬瓜说‘你先拿冬瓜练练手’。小伙子很听话,按师傅的指令给冬瓜削皮,一天削一个。每次削完后,都会顺手把刀插在冬瓜里。”儿子开始笑。

爸爸继续讲:“就这样练习了大半年,师傅说‘你练得差不多了,今天正式上岗吧’……”

儿子笑得小肩膀乱颤。

爸爸说:“你已经猜到故事的结尾了,是不是?”儿子回答了爸爸一个“嗯”。

“那你说说看,结果怎么样?”爸爸这么一问,儿子笑得前仰后合,“他……他给客人理发,理完了顺手一插,哈哈哈……”

爸爸说:“幸亏师傅及时制止了他下面的动作,否则……”爸爸放好吹风机,坐在儿子边上:“这个小伙子哪个动作是错误的? 想一想,你有没有什么错误的动作?”

儿子才知道“上当”了,但他还是很认真地听爸爸列举他的不良习惯,不住地点头。

第二天晨起，儿子擦完脸，随手把毛巾放在沙发上。

看见他习惯性的动作，爸爸大吼一声："冬瓜！"然后比画起剪刀手，在空中做了个使劲一插的动作。

刹那间，儿子恍然大悟，立马把毛巾放回原处。

自此以后，爸爸几乎无须唠叨，只说个"冬瓜"或做个剪刀手的手势，儿子立刻就心领神会，乐呵呵地自查自纠了。

为何孩子只想看电视

同事找到教育专家,问询教育方法。她反映儿子丁丁近一个月来,上课无法认真听讲,下课无法完成老师布置的作业,而且孩子经常会独自落泪,哀求妈妈让他看电视,不让看,他眼泪会更多;让其看了,则电视很难关上,因为孩子还会哭。

在日常生活中,一些家庭会有这样一个习惯:会打开家里的电视,让家里有点声音,不至于那么安静。那么,丁丁家晚上的情况又是怎样的呢?

丁丁妈妈告诉专家,每天晚上,家里都非常安静,三个人自己管自己,她与丈夫基本不说话。

"孩子做完作业后,你陪孩子一块读书吗?"专家问。

丁丁妈妈愣了一下:"没有。"

"那你和孩子一块做手工或者游戏吗?"

"没有。"

"那孩子会向你讲一下今天在学校的见闻吗?"

丁丁妈妈垂下头:"从来没有。"

"那孩子的爸爸呢,他做到了吗?"专家问。

"他一回到家就上网,看手机,几乎没管过孩子。看到儿子看电视,就责骂他,连带着我……"

丁丁妈妈说,这个家的晚上几乎没有什么声音,如果有点声音,那么往往是电视的声音和丈夫的斥责声。

专家据此分析:丁丁爱哭是因为有点抑郁了,父母之间、父母与孩子之间出了问题,造成他极度缺乏安全感。父母是"领着孩子看世界的人",孩子的正能量来源于父母。如果这种正能量传递不到,则会耽误孩子的一生。父母工作繁忙,角色缺失,关系不睦,对孩子管教甚少,或者动辄打骂,都会造成孩子胆小,甚至男孩女性化。遗憾的是,我国目前较普遍存在这种父教缺失的类似“丧偶式”的婚姻,给孩子造成一些不良的影响。

亲子关系如何,不仅影响孩子当下的学习状况,更重要的是对他们的未来发展影响巨大。良好和谐的夫妻关系是送给孩子最好的礼物,也是父母留给孩子最珍贵的财产。所以,那些夫妻关系不够和睦的家长应当深思熟虑,及早自我检讨和改进。

夫妻间的态度影响孩子成长

最近，看到一位妈妈的抱怨，主要是觉得孩子看不起她，缘由是：学校布置了一项暑假作业，是一次旅行游记手抄报，她本想帮帮孩子，结果却惹得孩子语出惊人："你又没读过什么书，又没怎么出过门，你懂什么？"

妈妈很失落，但她也知道其中的原因：孩子的爸爸经常在孩子面前说她没读过什么书，没见过什么世面。妈妈一开始没在意，可是时间长了，她发现孩子也开始这样看她，甚至故意疏远她。这是一位善良有爱的母亲，却因为"另一半"有意无意的抱怨，逐渐变成不被孩子接纳和认可的母亲。

父母之间，对"另一半"的态度，往往都被孩子看在眼里，对"另一半"的攻击和指责等，都可能被孩子模仿、跟随。

1.诋毁与抱怨，影响亲子关系

人们常说，离婚对孩子的伤害是最大的，也是最持久的。但事实上，夫妻之间还有一种相处模式，对孩子的伤害缓慢、持久且更隐蔽，那就是热衷于在孩子面前诋毁对方，比如经常对孩子说："你爸不是好东西！""你妈就是个神经病！"

很多父母一辈子都在做彼此的差评师，有时甚至还要拉上孩子，说多了不仅令孩子心里难受，而且时间久了，还会影响到孩子与"另一半"的亲子关系。

曾在网上看过一篇文章《破碎家庭完整爱》，作者的父母虽选择了分开，但从未在孩子面前抱怨过对方一句，甚至努力地告诉孩子："虽然我们分开了，但并不影响对你的爱。"作者在文末写道：

> 他们是一对分手的夫妻，但他们都没有把离婚的恩恩怨怨，把他们破

> 坏性的情绪传给我。他们从来没有向我说过一句互相诋毁、相互谩骂的话,他们没有让我因为他们的离异而产生痛恨,他们都是最大限度地让我感受着双亲的爱,最大限度地使我在心理和感情上保存了亲情的完整。

是啊,即便做夫妻失败了,也可以一点不耽误做好父母。不管你和"另一半"相处得如何,对方甚至有可能不是一个好伴侣,都并不意味着他或她不是一个好爸爸、好妈妈。在孩子面前,夫妻之间应以家庭为重,尽量给彼此留点颜面、留点尊严,不妨让孩子自己去判断父母是怎样的人。

2.偏见和不尊重,影响孩子的择偶及婚姻

当孩子有了性别意识后,对父母会以与自己性别相同的一方为榜样。先拿父亲来说,父亲是孩子生命中接触到的第一个男性。男孩从父亲身上,建立起性别认同感,他会观察并模仿父亲的言语、行为,女孩则通过爸爸学会如何与异性相处。

前几年,有一则视频被网友们疯狂转发,视频中的父亲去女儿家中探望外孙,却被女儿家中的景象震惊了:女儿两手提着满满两袋东西回家,一进门,就开始操心起孩子的作业;帮父亲准备返程车票时,还要一边夹着电话谈论工作,一边帮孩子收拾玩具,帮孩子洗衣服,收拾冰箱……她的丈夫则安稳地坐在沙发上,喝着热茶,悠闲地玩着手机,还不忘提醒妻子:"别忘了洗我的衬衫,我明天要穿。"父亲看着这一切,特别伤心,离开前他给女儿留下一封信,信中写道:

> 我从来都没有告诉过你,家务其实不应该是你一个人的活,你的丈夫也有责任。但我没有资格说他,因为我从来都没有帮过你妈妈。我替他向你道歉,我替每一位树立了坏榜样的爸爸道歉。

父亲在家庭中如何对待母亲,都会潜移默化地影响孩子未来的感情观和婚姻观。每一位父母都在不知不觉中为儿女未来的婚姻提供着参考模板,你在家庭中的样子,很有可能是孩子未来的样子。

3.越是在孩子面前,越应该尊重和关爱另一半

杨绛在《我们的钱媛》一文中提到,她的女儿钱媛曾经对父母说:"我一直觉得父母恩爱的小孩很幸运,因为她见过好的感情是什么样的,从而拥有了对健康的爱的敏锐嗅觉,然后就知道怎么往正确的方向跑。所以,我特别感激爸爸

妈妈,因为你们相亲相爱、琴瑟相鸣,因此我觉得自己是个幸运的孩子。”

对孩子来说,再好的物质生活条件,都不如有一对相亲相爱的父母来得重要。孩子将来懂不懂得如何爱人,和父母有着很大的关系。如果你懂得尊重和关爱自己的爱人,那么孩子就能在你身上学会爱人的方法,这就是最好的示范与榜样。父母的相处之中,隐藏着孩子的未来。

为何孩子应该少看电视

一说起电视不适合于儿童，要少看电视，家长们通常会提出异议：

“不至于吧？有些儿童节目，小孩子都爱看，我的孩子当然也不例外！”

“我无法阻止，现在看电视是一般家庭生活的一部分；而且我也需要在孩子看电视时，自己获得一点儿不被打扰的时间。”

“要是电视那么糟，为什么学校里有电视、电脑，还有特别针对儿童的电视节目与儿童电脑教案？”

“电视至少把孩子圈在家里，总比跑到外面去安全。”

……

其实这些认知都是错误的。电视带来的感官资讯洪流淹没了儿童处理他们觉察事物的能力，孩子们吸收了零碎的图像与零碎的句子，但通常很难在所见和所听之间建立起联系。这些刺激使得脑部产生片段的、混乱的思维过程，进而影响到他们发育中的、较弱的脑部神经联结。电视内容和被迫不活动，会造成孩子攻击性与烦躁不安行为的增加。

相较于其他儿童，经常看电视的孩子通常有以下行为：

* 通常不怕生，但接近人时比较缺乏尊重或适当的保留。
* 较难与他人建立关系。
* 喜欢扮鬼脸，但避开与人的眼神接触。
* 回答问题比较表面而刻板，对事情几乎没有深度的兴趣。
* 比较少阅读，较喜欢“捷径”阅读，如连环画。
* 难以集中注意力。
* 对读到或听到的东西缺乏主动理解。

看电视容易使儿童形成像酒精、药物治疗与毒品上瘾般的倾向，因为看电视使儿童习惯于不以自我努力而求取心理与感官上的愉悦和满足。

一动不动地坐在电视机前，儿童的意志力发展会在根本上受到阻碍。没有身体活动，就没有学习与模仿。观看电视，已被证实会造成儿童思维和语言发展迟缓。

家长需要作出自己不依赖媒体而只在必要时使用媒体的良好行为示范。家长也要向孩子表明，人们的心灵并不需要被虚拟世界中的漫画和虚幻的影像所充满。

家长应当鼓励孩子从经验出发，去了解大自然、人和社会生活，或是经由故事自由地形成图像和概念；应鼓励孩子开展活泼的体能游戏或安静地倾听童话故事。这类动静平衡的活动将激发出儿童终身受益的各种能力。

对于家庭作出的决定，父母态度越坚定，孩子就越可能接受。在观念上，唯有儿童的情感与意志力发展完成了，他们的生活里才可以有电视。在此之前，需要家长介入，是否观看电视应视具体情况斟酌决定。

怎样才能避免孩子沉迷于网络

最近,邻居家的男孩出了状况。平时,男孩的爸爸妈妈工作都比较忙,但比较欣慰的是,孩子从小就非常听话,让他干啥他就干啥,表现都很好。可自从升初中的那个暑假开始,男孩便肆无忌惮地玩起了游戏,亲子沟通之后孩子说开学后保证就不会这么玩了。刚开学,他确实比较好地投入到学校学习生活当中了,可是开学仅仅两周后,家长便发现他再也不是原来那个他了,回到家就想打游戏,作业都是乱写一通。看他在网络上有做不完的事情,怎么和他说都不行。无奈之下,父母商量后给家里强行断了网。可随着断网,这家里就再没有安宁过,争吵、打骂、哭泣成了常事,孩子上学也是三天打鱼两天晒网,更有甚者,还发生了男孩偷钱在校外上网的问题。邻居夫妻因为孩子上网的问题非常揪心和痛苦,精神恍惚,工作都没有了心情……

平心而论,孩子沉迷于网络,最伤心的是父母,然而家长可能不知道,孩子到了今天这个地步,最大的推动者也正是父母！家长平时忙于工作,对孩子的照顾比较少,或者是对孩子心理上的陪伴、与孩子思想上的交流比较少。当发现孩子沉迷于网络时,又往往选择头痛医头、脚痛医脚式的断网方式,这种强行断网也只能让亲子关系更加糟糕,甚至将孩子推向更加危险的地步,而不能从根本上解决问题。

其实,前面说到了邻居的孩子小时候非常听话,这本身是一件非常好的事情,可这背后也会存在隐患:孩子童年缺少了很多游戏玩耍,缺少了自主安排生活的体验。一旦上了初中,孩子所面对的学业及人际压力会比小学阶段大得多,如果孩子的负面情绪不能够得到及时合理有效的释放,就容易通过网络去发泄,去寻求理解与支持。

在这种情况下，家长需要从以下四个方面尝试帮助孩子：

一是调整自己的情绪。孩子出现这样的状况，的确是一件糟糕的事情，但糟糕的背后也有好处，至少是让家长在孩子刚步入青春期时就能发现自己教育当中的谬误，这时候家长最需要的就是调整好精神状态，情绪饱满地面对孩子。

二是完善家庭功能。孩子出现重大问题，这是家庭功能失调的信号，需要父母双方反思、调整自己的家庭教育理念与方法，在孩子身上适当多投入些时间与精力，而不是直接单纯地解决沉迷网络的问题。沉迷网络背后潜在的心理问题，要比沉迷网络本身严重得多，只有背后的心理问题得到解决，沉迷网络的问题才能得到真正的改善，而孩子心理问题的根源绝大部分来源于家庭。

三是家长率先作出表率。家长是孩子的“启蒙老师”，在家庭中，家长的示范作用尤为重要，如果家长在家里一味地沉迷于电脑、手机，那么指望孩子对这些无动于衷岂非怪事一桩？所以，家长要求孩子做的事情，自己首先要做到、做好。家长下班回到家中，就应当及时转换角色，真正融入家庭生活，融入孩子的生活之中。再延伸一下，家长如果还能与学校老师对接，与孩子同学的家长联系，利用闲暇时间共同组织一些有益的活动，则更有益于孩子的身心健康成长。

四是用未来引导现在。沉迷网络的孩子往往只是看到了当下的即时满足，没有畅想过未来的成长发展，家长可以平心静气地同孩子从理想谈起，从心中的偶像谈起，让孩子重新认识生活的美好和人生的真正价值。

总之，网络不应该是被禁止的，当然也不是用来沉迷的，它只是一种方便社会运行、方便人类学习生活的工具，而不是玩具。用好它，受益无穷，其乐无穷；而沉迷于它，则后悔莫及，贻害终生！

家长应与孩子共享数字时代

数字汹涌，席卷一切，举世皆然。孩子电脑、手机不离手，不懂得保护自己，过度暴露个人信息，不会处理虚拟世界中的人际关系，看不该看的图像、影片，怎么办？

美国知名教育专家德沃拉·海特纳建议："学会影响而不是控制孩子。"

首先，家长应适度使用电子设备。在"家庭时间"，暂时将手机放在一边，开车、走路时不处理信息，在各种社交媒体上谨慎分享、传播网络文章，不参与情绪化的讨论，学会尊重，在分享孩子的照片前先征求孩子的意见等，这些行为将胜过父母的千言万语。

其次，家长应当聪明而优雅地介入孩子的数字世界。比如，问问孩子安装那些 APP 的理由，他是被什么所吸引，向孩子请教一下如何应用某个小程序。当家长完全参与到孩子的"数字世界"中时，才能更好地指导孩子如何选择应用，如何安排好睡眠和学习以及亲子时间。没有哪一个孩子愿意和一个对"数字世界"一无所知还蛮横地认为"我是家长我做主"的父母深入交流。

再次，家长要获得孩子的信任，真正成为孩子的依靠。犯错，是每个孩子成长的必经之路。犯错并不可怕，可怕的是孩子为了掩盖一个错误，而继续犯下一长串更严重的错误。要想确保孩子远离这样的恶性循环，最重要的就是要让他知道你是他的依靠。即使他犯了错，只要他认识到错误，你也会帮助他解决问题，而不是让他独自面对危机。

关注孩子的眼睛

国家教育部曾公布:2018 年全国儿童青少年总体近视率为 53.6%,其中,6 岁儿童、小学生、初中生、高中生的近视率分别为 14.5%、36.0%、71.6%、81.0%。15 个省份近视率高于全国平均水平,24 个省份近视率超过 50%。

造成孩子近视的原因很复杂:一方面,过重的课业负担、电子产品的滥用造成了一些孩子过长、过量的用眼时间;另一方面,课外体育锻炼时间,尤其是孩子户外的体育锻炼时间过短,加之不良的用眼习惯、生活方式等,都会造成儿童青少年的近视问题。

为了防控儿童青少年近视,前不久,国家教育部等部门印发了中小学生减负措施"三十条",并配套地深化学校体育教学改革。

作为家长,应当高度重视孩子的用眼问题,要将这一话题经常与孩子沟通交流,并提出一些明确的要求,特别是自己要率先示范。一是要严格控制电子产品在家庭中的滥用。例如,多大的孩子可以看电视,一天可以看多长时间,还有平板电脑、手机等,家长不但要有要求,还应自己以身作则。尤其要警惕与制止有的父母或保姆带着一两岁的孩子,打开电视就是一上午,或一下午,这对幼小的孩子眼睛是一种严重的伤害。二是为孩子做作业提供良好条件。家长应关注孩子做作业的光线、灯光、坐姿等。做作业时长达到一节课左右时,应提醒孩子适当休息,到两节课左右后应做眼睛保健操,或到户外适当活动等。三是注意调剂生活。家长应适当补习一下膳食营养方面的知识,每天的餐食搭配合理,注意给孩子补充有益眼睛营养的食品。四是注意用眼卫生。教育孩子要勤洗手,不乱揉眼睛,不躺着看书,不在光线较差或光线强烈的环境下读书、写字。五是适当增加体育和户外活动。家长要常带孩子进行一些体育活动,节假日多安排一些户外的家庭项目,这样既增进了亲子关系,又促进了身体健康。

关注孩子睡眠不足的问题

据调查统计，超过三成国人的睡眠质量不及格。这一结果，引发了热议。其中，学龄期青少年睡眠不足的问题，更是引起了不少家长的共鸣。那么，到底睡眠对学龄期的孩子有多重要？怎么才能给孩子一个健康的睡眠呢？

1.睡眠从来不是小问题

人的一生，有三分之一的时间是在睡眠中度过的，睡眠问题从来就不是什么小问题，尤其是对中小学生而言，睡眠不足问题应当引起家长、学校及社会的足够重视。

处于学龄期的青少年，身体正在生长发育期，充足的睡眠对孩子的生长有利。孩子一天的生长激素在夜间分泌得最旺盛，如果此时缺乏睡眠，就会影响与扰乱生长激素的分泌，导致生长发育问题。

心理学家认为，睡眠是对身心的放松、休息，是对白天压力的一种释放，如果睡眠不足，则会导致一些心理问题。一些孩子由于睡得晚，睡不着觉，内心开始焦虑，而越是焦虑就越是睡不着。长此以往，会导致焦虑、烦躁等心理问题。

这对一些性格内向、比较“懂事”的孩子来说，尤为严重。他们会把情绪都窝在心里，得不到宣泄，压力得不到释放，长期发展下去会引起严重的心理问题。

一些家长与孩子希望通过延长学习时间、透支睡眠来提高学习成绩，其实这是适得其反的做法，结果往往是得不偿失。睡眠不足，会阻碍儿童认知功能的发育，造成学习精力不足，学习效率低下。

2.养成良好睡眠习惯很重要

对于家长和孩子们来说，养成一个良好的睡眠习惯十分重要。首先，家长要引导孩子正确对待睡眠。睡眠是一个非常自然的生理过程，人饿了就吃，困了就睡，要顺其自然。其次，家长要排除外部干扰，为孩子创造一个良好的睡眠环境。孩子长期和父母一起生活，睡眠习惯会受父母和家庭环境的影响，所以父母先要有一个良好的睡眠习惯，通过言传身教，以身示范，给孩子做个榜样。

良好的作息习惯是好睡眠的开始，每天要保持足够的睡眠时间，要在固定的时间点按时上床，形成规律的作息，建立一个生理反射。床就是睡觉用的，一上床，身体就进入一个准备睡觉的状态，这是形成一个好的生活习惯的基础。

偶尔缺觉并不是问题，不要产生心理的焦虑，父母应当帮助孩子缓解心理压力。其实，睡得少并不一定代表睡不好，睡眠不仅与时间有关，也与睡眠质量密切相关。在一个成年人 7～8 小时的睡眠时间中，有效睡眠往往只有 4 ～ 6 小时。

过早地躺在床上几个小时，睡不着，反而会对心理造成压力，使得内心焦虑。人躺在床上，只要情绪是乐观的，身心是放松的，身体也能得到很好的休息。

此外，人睡前 1 个小时，看看书，听听音乐，或者是冲个热水澡、泡泡脚，都可以缓解一天的压力。

3.好睡眠就是身体“恢复感”

中医认为，入睡困难是因为“阳不入阴”。睡觉是一个阳气收藏、身体由阳入阴的过程，只要其过程顺利，就会有良好的睡眠质量。

什么叫良好的睡眠？如果起床后，自己感觉神清气爽，身体有“恢复感”，精力比较充沛，那么这就是良好的睡眠。

一般人只要能在半小时之内睡着，都是很正常的现象。如果此时孩子不能入睡，可以做自我催眠，在床上多做几个深呼吸，放空大脑，放松自己，使心绪平静下来。

如果晚上睡眠质量不好，不要刻意去补觉。家长可以让孩子每天在中午时适当休息，睡个“子午觉”。当然午睡不是越长越好，小憩一刻即可，最长不要超过半个小时。

带孩子重温那些老游戏

丢手绢、老鹰抓小鸡、丢沙包、123 木头人……“80 后”的爸爸妈妈小时候都玩过这些集体游戏。遗憾的是，现在的孩子们极少接触这类游戏，取而代之的是诸多电子游戏。专家提出，父母与学校应该共同以“集体人”的概念培养孩子，让孩子感受到来自社会的安全感。

无论是上述提及的集体游戏，还是同性质的团体活动，其目的都是为创建一个团队，让孩子们在集体中学会如何与别人配合，如何确定自己在团队中的角色，建立彼此之间的团队规则。专家指出，从小参与团队活动比较多的孩子，易清晰地知道自己应该扮演什么样的角色。在日本和韩国，儿童要参与许多团队活动和游戏，通过这些来模拟真实人生，让孩子在活动中领悟和明白自己的定位。尤其是日本，在孩子很小的时候就开始进行团队意识教育，而这一意识也很早便渗透到他们生活的方方面面，比如对赛场外的拉拉队要求动作一致、服装一致等。

现实生活中，缺少团队合作概念和精神的孩子不在少数，比如有些孩子的学习太过于个体化，太过于讲究自我，认为学习只是个人的事情，在学习方面不需要互相支持，不需要给予对方美好的力量。导致所有这些问题的关键在于，家长与学校只看孩子的成绩，而忽略了孩子成长需要的多方面素质，其中就包括团队合作中需要的“集体人”意识。

孩子缺乏团队精神的很大原因，除了学校重视不够之外，不少家长在这方面的意识也非常淡薄，认为小孩只要学习成绩优秀就足够了，其他与学习无关的事情是浪费时间，忽略了团队合作的重要性。很多独生子女都是家人眼中的小公主和小王子，可一旦出去接触其他小朋友，他们便感觉不被重视，认为自己不再是世界的中心,而形成情绪落差。

当小伙伴一起去玩,看到每个人的差异时,孩子对“我”会有更好的了解,并且通过人与人之间的交流,不断往自我完善的方向成长。在集体活动中,孩子能够感觉到自己身边有很多小伙伴,这一种安全感是来自社会的。孩子在遇到困难时,背后如果没有小伙伴的力量支持,孩子安全感会降低;当孩子去不同地方有不同的伙伴玩在一起,遇到困难还能寻求到不同帮助时,孩子的安全感会陡然增加,并且有勇气、有力量、有自信去做很多事情,也可以处理好各种人际关系,以此获得更多伙伴的友爱。

现在极少在公园或是小区里见到孩子们一起玩丢手绢、老鹰抓小鸡等传统集体游戏。有些家长为了让孩子不吵不闹,随手递给他们一个电子产品,希望转移孩子的注意力,以为这样就能把孩子管住,但这会给孩子的成长造成极大伤害。因此,作为家长,应当引导孩子培养和树立强烈的集体意识。有着共同爱好的家长们应该带着孩子私下多聚聚,可以一起去动物园、博物馆或一起去郊游等等。家长们之间形成健康交往的小群体,也能感染到孩子。家长应尽量减少给孩子购买电子产品。当孩子聚在一起时,可以为他们提供纸张等最原始的材料去制作玩具;也可以与孩子一起玩丢沙包、跳绳、踢毽子、捉迷藏等游戏。尤其需要指出的一点是,家长应减少在家看电视和手机的时间,多陪孩子们读书、聊天,引导孩子如何去与他人沟通交流。

父母如何培养孩子的阅读习惯

古人说，读万卷书，行万里路。阅读是一种文化积累和情感熏陶，也是一种人格塑造。因此，爱读书、会读书对人的一生影响深远。可以说，14 岁以前是孩子阅读的“饥饿期”，家长应当抓住这一时期培养孩子的阅读习惯，方能起到事半功倍的效果。对不同年龄段的孩子，阅读习惯培养的侧重点也不一样。

3 岁前：家长应当多跟孩子交流对话。3 岁以前，孩子还处于认知的初级阶段，无法理解过于复杂的内容和有太多修辞方法的句子。此时，家长可以选择一些没有情节的画片，让孩子将实物、颜色、图片相对应。例如，选择香蕉卡片让孩子指出家里哪种水果是香蕉，它是什么颜色的，并让孩子尝一口，让其味觉与实物对应起来。在此基础上，家长可以为孩子绘声绘色地朗读一些诗歌，因为语言学习阶段的孩子，对于声韵和音调非常敏感。

3～6 岁：家长可多讲故事，逐步建立读书常规。3 岁开始，孩子已经有了初步社会交往的能力，产生了诸如嫉妒、羞耻等情绪，对于善恶美丑也有了一定的认识。此时，培养孩子的读书能力，对孩子表达、认知和社交能力的提升都很重要。家长不妨帮助孩子将读书常态化，变成和吃饭、睡觉一样有规律的事情。每晚睡觉前半小时是最佳亲子阅读时间，父母可以选择一些有吸引力的精彩小故事讲给孩子听。稍大的孩子可以让其自己读绘本，不仅能识字，还提高了孩子对美术和美好画面的认知水平。此时，父母也应选择一本读物，陪伴在其身旁，做好的榜样，为孩子营造一种热爱读书的良好家庭氛围。

6～8 岁：应陪孩子去图书馆和书店选书，养成读书的好习惯。互联网时代，信息沟通越来越便捷，也越来越碎片化，如果孩子长期依赖网络获取信息，很难形成自己的阅读体系和自我价值观。这个阶段的孩子，初始阶段是快要上小学了，有了识字能力，在阅读内容选择方面也有了自己的兴趣和爱好，父母不妨带他们去书店或图书馆，让他们自己选择，但要加以引导。读书的过程并不总是充满惊喜，孩子在读书初期会觉得枯燥无味，甚至觉得很吃力。此时，父母可以先选择故事性、趣味性强的书，循序渐进。父母可以买一个书柜，将有收藏价值的书放在一起，并且与孩子一起布置类似读书的空间，既营造了良好的家庭阅读氛围，对孩子也是一种激励与鞭策。

9～11 岁：家长应培养孩子的思维能力。孩子有了一定阅读量，有了知识积累后，父母应当开始培养孩子的思维能力，鼓励孩子多问为什么，并适当让孩子阅读一些有深度的经典文学名著。举例来说，四大名著之一的《三国演义》，人物关系复杂，内容描述多，有一定阅读难度，但若家长选择配有大量图片的绘图本，则不仅能降低作品难度，其中的直观图画还能帮助孩子建立形象思维能力和语言表达能力。比如，关羽出场时的配图，能让孩子了解三国时期的服饰以及青龙偃月刀究竟是什么样的，等等。

12～14 岁：孩子应学会倾听、表达和总结。随着孩子步入中学时期，对于阅读的要求也要有所提升。这个阶段，家长应当多培养孩子口语表达能力，使其养成做读书笔记的习惯。例如，孩子读《水浒传》，父母可以首先要求孩子记住其中的一百单八将和各自的绰号以及每个人大致的性格特征，然后循序渐进地让孩子复述小说讲了哪个时代的故事、大概内容是什么，还可以让孩子介绍一位他喜欢的人物并说明为什么，等等。

孩子的教育并不是工业生产，对其阅读习惯的培养也应当因人而异，根据孩子的兴趣、习惯和个人能力有所侧重，区别对待。而良好的家庭学习气氛，父母以身作则的良好阅读习惯，一定是孩子爱读书、善表达的最佳助推器。

孩子不爱阅读勿强制

在一次家长座谈会上，一位家长反映：我儿子 8 岁了，他倒是对图书不排斥，但是每次都是让我读给他听，他自己不爱读书。我想让他养成读书的习惯，但又不能太强迫他，怎么办呢？

对于孩子不爱阅读的情况，要具体问题具体分析。上面这位家长讲的，孩子 8 岁不爱阅读，是因为他识字量不大，并且还不能从阅读中得到成就感，对于家长讲故事还存在依赖性。这里要提醒家长的是强迫不得，因为一旦强迫孩子读书，读书就变成强制性的任务，这样的体验如果进入了孩子的潜意识，乃至于产生了逆反心理，以后就很难喜欢阅读了。

家长本身其实很难成功强迫孩子做什么事情，即使一时半会儿做了，副作用也太大。所以，让孩子爱上读书，首先还是一个引导和氛围制造的问题。

孩子是喜欢模仿的，他在观察和感受整个家庭的方向，孩子能否爱上阅读，首先要问：父母在家里有没有专门的阅读时间？你自己回家后，在孩子面前读书的时间多不多？像上面那位孩子的家长，他坦率地说，自己在家里读书的时候不多，喜欢玩手机。正因为他对读书不够喜欢，孩子也很难被感染。所以，建议每位家长回家后，尽量拿出半小时到一小时时间阅读。在孩子面前阅读自己喜欢的书，而且应当真实地表现出宁静、投入、喜悦、享受的感觉。如果在阅读之后，夫妻与孩子能经常在一起交流一下感受、体会、心得，那就更是一种很好的体验，久而久之，会对家庭乃至孩子十分有益。

有的家长会问："如果我这么做了，孩子会喜欢读书吗？"回答是：不一定，但不这么做，孩子肯定很难喜欢读书。孩子很难被强迫，就像我们自己很难被强迫一样，人类终极的自由就是心灵选择自由。一个 3 岁不到的孩子就有了自己的心灵选择,所以不要试图用强制的方式去建立一个什么习惯,只有引导和感染才是最有效的。家长自己真的爱读书,读书的感觉十分享受与美好,这种潜意识的感觉,完全是能够感染和打动孩子的。孩子不爱读书,是他的选择,而家长对待孩子不爱读书采取何种态度,则是我们家长的选择。家长能够做的,只有通过改变自己去影响孩子。

如何让孩子爱读书?这很难用具体的统一的方法去解决,只有用引导的方式、通过制造相应的氛围和环境去影响改变孩子。这对于孩子来说并不是挑战,面临挑战的恰恰是家长的观念和习惯。与其找办法去改变孩子,不如从家庭教育的角度去思考,从成人的角度去思考,身为父母做哪些事情可以改变孩子。

让孩子爱上阅读,是从家庭内部的主要角色——家长爱上阅读开始的。

如何发现孩子的“阅读障碍倾向”

4～10 岁，是阅读障碍症孩子最佳的矫治时期。但是，在家庭生活中，不少儿童到了 8 岁左右才开始进入自主阅读阶段。那么，家长如何尽早发现孩子患有阅读障碍症呢？以下一些与阅读障碍症相关的征兆，需要引起家长警觉：

1.识字方面

孩子认字与记字，困难重重，刚学过的字就忘记了；错别字连篇，写字经常多一笔或少一画；经常混淆字形相近的字，例如把“视”与“祝”弄混；经常搞混读音相近的字；学习拼音艰难，经常把 Q 看成 O 等。

2.阅读方面

孩子阅读时，随意按照自己的想法增字或减字；听写成绩很差，阅读速度慢；以手指协助逐字阅读；说作文可以，但写作文过于简单且内容枯燥；书面表达自己的意思非常困难，抄写速度慢。

3.行为方面

孩子在整理自己的书本、玩具时显得有困难，写字时很难掌握空间距离；手脚笨拙，走路时脚步不稳，经常跌倒、被绊倒或撞到家具等物件；看上去没有耐心，很快就有从一个活动跳到另一个活动的冲动；完成读写作业时，一脸苦恼，非常容易疲惫。

如果你的孩子符合以上多条症状，那么基本就可以判定孩子有阅读障碍了。

学会读书也是成长

在美国,中学把一个学年分为四个“学季”,每个学季大约 9 周时间,他们一般一个学季要求学生至少读一本书。学校提倡教师与家长参与到学生的读书之中。初中学生张勇的妈妈就参与了上个学年孩子的阅读生活,先后读了《铜日》《杀死一只知更鸟》《崩溃》《局外人》以及自选阅读的一本小说。

这其中也会有不少疑问:“用多长时间阅读一本书?”“孩子会喜欢吗?”张勇的老师做出回答:“一般 3～4 周读一本,很少学生完不成;即使完不成,至少他们也已经知道书的基本意思。”“如果有人不喜欢又找不到自己读的,我就告诉他们:学会读书也是一个人成长的过程,要获得成长就要学会接触一些自己不太感兴趣的东西。”

美国中学的小说阅读,特别重视批判性思维的培养,老师特别鼓励讨论。张勇的妈妈曾听老师上过一节课,在那节课上,老师事先选择了 5 位总统参选人,要求学生阅读 5 位参选人的海报,选出自己阅读的小说中的人物,推断他可能会给哪位候选人投票,并把理由写在便利贴上,然后粘贴在对应的海报上。学生们很兴奋,纷纷写下自己阅读的小说人物,并踊跃投票。他们认真倾听,认真申辩,认真反驳,没有人觉得这只是一次虚拟的语文课活动。

在美国中学的语文课上,除了常规的读书报告之外,师生都很擅长采用海报这种形式。海报极富有创意和巧思,很好地表达了对原作的深化理解。

书籍是人类智慧和想象力的载体。尽管东西方的教育理念、模式不同,但是提倡读好书、多读书应该是相同的。所以,建议国内的老师、家长也联手行动,至少家长先行一步,引导和参与孩子们的阅读生活,在读书、讨论与分享中与孩子共同成长。

怎样让孩子爱上做家务

最近,有一份国外孩子的家务清单,引起了众多家长的关注。让孩子勤快起来,培养良好的生活自理能力,对其未来走出家门有很大帮助。

一项关于小学生做家务的调查显示,美国孩子每天的家务劳动时间可以达到1.2小时,韩国孩子是0.7小时,英国、法国的孩子为0.5~0.6小时,而中国孩子却不足0.2小时。不让孩子做家务或者让孩子少做家务,对孩子来说真的好吗?哈佛大学学者所做的调查研究显示:爱干家务的孩子与不爱干家务的孩子相比,成年之后的就业比率为15∶1,犯罪率是1∶10。教育专家一再呼吁,千万不要忽视家务劳动,它对孩子的动作技能、认知能力的发展以及责任感的培养都会产生积极影响。为孩子的长远幸福着想,必须给孩子列出一份家务清单。

其实,孩子不会做家务或者只是偶尔做家务,主要问题在家长身上:有的家长认为现在的孩子太忙、太累,不忍心让孩子再干家务。有的家长希望孩子有更多的时间用于学习。还有些家长认为孩子干家务完全就是添乱,倒不如干脆自己干或者请钟点工。

在教育专家看来,家务劳动不仅事关孩子未来的就业,而且也是一种必不可少的教育。从培养孩子动手能力的角度来看,适当的家务劳动,可以很好地锻炼和发展孩子的动作技能。家务劳动看似简单,但对于孩子精细动作的锻炼至关重要。从孩子智力开发的角度来说,很多家务劳动整合了多种技能,不少家务劳动是建立在分类、数学、颜色、形状的概念之上。比如垃圾分类、分拣衣服、收拾房间等,孩子必须学会通过颜色、形状和质地对不同的物品进行分类,才能很好地完成一桩家务。

如何让孩子爱上做家务呢？一是应抓住孩子的敏感期。一般来说，孩子从2～3岁起，会在"帮助妈妈"的欲望下，出现一个学习家务活动的敏感期。家长如果想让孩子成为一个爱劳动的人，最好从2岁开始，让孩子试着帮助干一些力所能及的家务。二是与孩子一起做家务。让孩子爱劳动的另一个基本原则就是家长不可以趁机偷懒。在孩子5岁之前，做家务其实跟玩游戏差不多，但随着孩子年龄的增长，家长希望孩子把家务干得更出色，就必须要跟孩子一起干家务。每人每天都要有自己的家务清单，而且干过的家务，应当有自检与互检，以保证质量。三是不要吝啬赞美与鼓励。孩子喜欢挑战，也喜欢成就感，必须给孩子安排能力范围之内的家务劳动。各年龄段的幼儿动作技巧、认知程度、体力、耐力均有不同，因此家长对孩子做家务的要求应视孩子能力而定，不宜超过，以免孩子因挫折而产生畏难情绪，抗拒做家务。此外，在孩子家务做得不完美甚至糟糕时，不要厉声责备，而要有耐心、有步骤与方法地教导孩子去揣摩、学习，当孩子取得进步或完成家务时，应该及时予以肯定和赞美。

国外孩子的家务清单

2～3岁	4～5岁	6～12岁	13岁以上
开始自己穿衣	穿衣、叠被	铺床、叠被	换灯泡
由大人协助拉齐床单	收拾碗筷	照顾宠物	清理冰箱
捡拾玩具	扫地	做简单的饮食	清理吸尘器
悬挂衣服	摆桌子	帮助打扫卫生	清洗炉灶和油烟机
把脏衣服拿到洗衣间	擦桌子和家具上的灰尘	帮忙洗车	学会买菜
叠毛巾	给脏衣服分类	洗衣、晾衣、叠衣	能准备一顿饭
倒轻型垃圾桶	收衣服	倒垃圾	做简单的缝纫
抹灰尘	帮忙拿东西	洗碗、刷盘子	学会修理自己的自行车
把碗盘放到水槽（可借助小凳子）	把超市买回来的东西放进冰箱	收拾房间	掌握简单的园艺
喂小猫、小狗	给花浇水	熨烫衣服	
擦塑料餐具	沐浴完挂好自己的毛巾	清洗浴室	
扫地（用小扫帚）	在厨房帮助搅拌	浇花除草	
拿报纸			
帮助收拾客厅			

怎样让孩子从依赖走向独立

每个孩子都是可爱的,他们表现出来的都是儿童的种种天性。可是,在现实生活中,有些家长往往就会用“好”和“坏”来评判一个孩子,给他们贴标签。在孩子成长的过程中,家长给孩子贴标签的最大坏处,就是让孩子失去自信。

对于自我管理能力还不强的孩子,怎样让他从依赖走向独立呢?家长不妨试试以下七个方法:

其一,家长要有跟孩子单独相处的时间。由于有父母的陪伴,孩子会有安全感。

其二,不要当着他人的面批评孩子。家长尤其不要当着孩子的小伙伴的面批评他。同时,家长还要尽量回避在孩子情绪低落或情绪激动时去批评他。

其三,每次只提一个要求,并坚持一段时间。如果家长一次就给孩子提很多要求,孩子往往会顾此失彼或无所适从。

其四,尊重孩子的选择,还要提供一个回旋的空间让他选择。比如,今天你想让孩子做题,那你可以问他,今天是做五道还是七道,让他自己选择。

其五,夸赞孩子努力的具体行为,少说空洞的赞美。有些家长经常会说“你真棒”,这种鼓励是应当的,但是最好是及时肯定孩子经过努力取得的一些进步,比如夸赞孩子:“看出来了,今天你写的字很认真。”“今天你给奶奶盛了一碗饭,真孝顺!”用这样的语言去说,要夸到他的一个具体行动上,就可逐渐让孩子变得自律和懂事。

其六,用心观察孩子的一些动作与行为,过后再加以肯定或规劝。孩子做得好的,家长应及时给予鼓励;孩子做得不适合的,要进行规劝。比如,家长想要孩子像别的孩子一样落落大方的话,不妨在与孩子单独相处时跟他说:“刚才那个小朋友表现得好吗？你下次能不能也这样?”这样的话,孩子就会接受家长给他的成长建议,而不是只记住对他的指责。

其七,如果家庭要搞什么活动,应当提前与孩子商量,及时听取和采纳其合理意见,并分配给其适当的工作与角色,让孩子学着参与到家庭事务中来;随着时间的推移和孩子承担工作与角色的能力的提高,可逐步加大孩子参与的分量。

亲子关系沟通的关键是:一定要让孩子感觉到,无论什么时候,爸爸妈妈都是其坚强的后盾,无论自己成长到哪一步,爸爸妈妈都能给予成长的支持。这样的话,孩子的成长会慢慢由依赖走向自主,自我管理的能力会越来越强。

亲子关系影响孩子一生的发展

心理学家认为,在一个人所有关系中,最重要的就是与父母的关系,与父母之间的关系决定了其生活中与其他人的关系。生命中大部分的人际关系都是孩提时代与父母关系的复制。

亲子关系对孩子的发展至关重要。积极的亲子关系会使孩子感到被爱、被尊重,让孩子变得自信;良好的亲子关系会成为孩子强大的心理支持,减少负面情绪和问题行为的出现;温暖的亲子关系,使孩子对他人和周围的环境有乐观向上的认识,乐于与父母以及父母以外的人正常交往,建立良好的人际关系。

1.家长要适应亲子关系的不断变化

良好的亲子关系不是家长把孩子的控制权牢牢地握在手里,不是孩子事事依赖父母、粘着父母。良好的亲子关系应该是孩子尊重父母,信任父母,是孩子和父母平等相处、相互学习、共同成长。

孩子一两岁时,会经常要求妈妈抱抱;三四岁时会让父母陪他玩;刚上小学,妈妈到哪里去孩子都喜欢跟着;到了五六年级,孩子开始不愿意跟着父母出去,而是喜欢和同学玩……

随着年龄的增长,孩子和父母相处的时间渐渐减少,对家长的依赖性逐渐降低,亲子关系会发生改变,可以概括为以下四个阶段:(1)学前阶段:家长拥有绝对控制和管理权。(2)小学阶段:家长把控制权慢慢地让渡给孩子。小学一、二年级沿袭了幼儿园特点即由父母控制,到了三、四年级以后,基本上是一半对一半。(3)初中阶段:孩子自我管理增多,基本上是三七开或四六开。(4)青春期阶段:孩子们希望脱离父母的控制。

由此可见,父母和孩子的关系不是一成不变的,且应随着孩子的成长而调整。家长需要适应小学阶段亲子互动的变化,与孩子建立良好的亲子关系。在小学阶段的亲子关系中,家长是舵手,负责掌握大方向,对孩子进行大体上的监督;孩子则是拥有一定自由的水手,能自主做决定,对自己的言行思维拥有一定的控制权。当然,良好的亲子关系不等于没有矛盾和分歧,争吵未必糟糕,碰撞是成长,解决问题也是成长。

孩子成长的前一个阶段会成为后一个阶段构建良好亲子关系的基础。如果幼儿园阶段、小学阶段和孩子建立了良好的关系,那么初中阶段以及青春期亲子关系也会得益。如果初中阶段、青春期亲子关系不良,就要追溯一下:孩子幼儿园阶段、小学阶段父母是不是没有尊重孩子?

2.亲子关系中的四种关系

亲子关系中包括四种关系:父子、父女、母子、母女。研究表明,在青春期,父亲与儿子、母亲与女儿的亲密度增加。父母是同性别子女社会化学习和模仿的对象。儿子效仿爸爸做“男子汉”,女儿模仿妈妈做女人。因此,家长与同性别的孩子更容易相互理解,兴趣也更相似。所以,在家庭中爸爸要给儿子做榜样,妈妈要给女儿做自我成长的榜样,如果家庭中只有一个孩子,不同性别的一方也绝不是可有可无,无事可做,要注意将不同性别的优秀品质、健康性格潜移默化地渗透给孩子,让孩子在家长的共同陪伴下实现身心的健康成长。

对高年级的男孩来说,母子关系越亲密,则这个男孩欺负他人、受欺负等问题行为就越少,因为母亲的理解和温暖可以有效地减少孩子的不良行为的发生。可以想一下,什么样的孩子会出去欺负别人呢?往往是那些缺少安全感的孩子。有的孩子在家里被责骂、暴打,出去打人释放出来,求得平衡;有的孩子在家里被打惯了,在外面表现软弱,也易招致别人的欺负。

对高年级的女生来说,拥有亲密、互信的父女关系,能减少不良因素的负面影响。女孩更容易受到亲子关系好坏的影响,尤其是与父亲的冲突。父女间的冲突会使女孩情绪低落甚至令抑郁的风险增加。女孩越信赖父亲,与父亲关系越好,越少受到他人的欺负。对女孩来说,父亲是“护身符”,获得父亲的支持能帮助女孩建立自信、减少被欺负的可能性。当女儿从父亲那里得到安全感,内心就会变得强大。

3.如何构建良好的亲子关系

家长需要适应亲子关系的变化。随着孩子成长,家长与孩子相处时间减少,但这并不意味着家长与孩子的距离疏远了,只是家长与孩子的相处模式发生了改变而已。这时,家长不能放任不管,只是需要确定范围,该管的应当负责,不该管得过细的则注意掌握大方向,做到知己知彼,心中有数。家长应当根据孩子成长与发展的情况,适时地从“事事管、时时管”转变为“大体上监督”。对于如何适应孩子成长的变化,构建良好的亲子关系,家长要做好充分的心理准备,继而采取实际有效的行动。那么,家长心理上需要做好哪些准备呢?孩子小的时候,愿意与父母分享,回家无话不说。随着年龄增长,往往不再过于信赖父母,说话少了,不让看书包、看日记,有话愿意对同学说,不愿意对父母说。父母要认同这种疏远。秘密是孩子成长的滋养品,应当允许孩子有秘密。

从行为上看,第一,家长应从“事事管、时时管”转变为“大体上监督”。在上小学以前,家长会帮孩子洗澡、穿衣服、收拾文具,会时时刻刻陪在孩子身旁,生怕孩子跌倒受伤。进入小学后,家长要开始慢慢放手,培养孩子的自理、自立能力,给予孩子成长的空间。有一个孩子写作文说,将来自己挣了钱就买个大房子,安个很小的门,那样胖胖的妈妈就进不来了。还有一个青春期的孩子直接在自己房间门上贴条“学会尊重是做人的第一步,不要翻看别人的书包”。其实,这些都显示出孩子对自由空间的渴望。如今住房面积越来越大,孩子心灵的空间却越来越小。没有空间,孩子就很难健康成长。当然,给孩子空间不是信马由缰,这个空间应是能让孩子学会独立成长的空间。第二,家长要和孩子多沟通,不要随便责怪孩子。与孩子发生冲突时,要懂得从自身找原因。当与孩子僵持不下的时候,家长不能一味斥责或者无条件屈服于孩子的要求,而应该跟孩子推心置腹,平等交流,一起探讨问题,摆事实,讲道理。这样既能化解双方僵持的尴尬,也能促进孩子对规则的理解。与孩子僵持不下时,家长要以身作则,传递积极正面的思想、语言、行为等示范,为孩子树立一个良好的榜样。特别值得注意的是,家长应当关心、尊重孩子健康的兴趣与爱好。第三,要学会等待,孩子终有一天会长大成熟,逐渐理解父母。

4.家长应无条件地接纳孩子

家长应当客观地看待孩子的言行。由于孩子的心理和生理都处于不断发展的阶段，难免存在很多不足和局限，需要父母理解孩子，相信孩子能慢慢变好。现实生活中，一些家长对自己的孩子不满意，总认为孩子有许多问题，这恰恰说明父母没有接纳自己的孩子。

什么是真正的接纳？真正的接纳是无条件的接纳。每个家长心目中往往有两个孩子，一个是理想中的，一个是现实中的。孩子刚出生时，看到孩子健康，父母满心喜悦；孩子会走路了，会说话了，父母充满欣喜；于是将孩子的未来一路想下去：幼儿园表现好，上学学习好，大家都夸赞，将来很优秀……这是按照理想中的样子来接纳他的。但是，现实中的孩子与理想中的有差异。从幼儿园开始，就有了差别，进了小学就更明显，人家孩子考了100分，你的孩子可能才考了90分，到了青春期更是问题一个接一个……于是父母开始对孩子数落、责骂，充满不满。

家长不能只接纳理想中的、"我希望"的孩子，而应当理性地无条件地接纳现实中的孩子；接纳孩子的生命状态，不应仅仅接受孩子比别人强的一面，还应坦然接受孩子不尽如人意的一面。比如孩子刚上一年级坐不住，家长应当认同、理解他：这个年龄就是这样的，就是好动的，应当对孩子依然喜爱，而非死盯孩子的缺点、弱点。更进一步地，还可结合孩子的特点，寻找有效的方法帮助其认识现状并改正和提高。这样，家长与孩子可共同进步，两者的关系也会更加融洽，孩子舒心，家长亦放心。所以，真正接纳，就是互相接纳，彼此感到温暖舒适。不管遇到什么问题，家长都应当和孩子共同面对，一起探讨，直到解决问题。总之，家长对孩子接纳程度不同，教育方式就不同，结果自然也不尽相同。

母爱对男孩很重要

亲密的肢体接触，是诸多养育孩子方法中的一种，对男孩的整个成长过程也起到了至关重要的作用。

对于不同年龄阶段的男孩，虽然母亲的爱抚方式不尽相同，但是其传递的信息是一样的：爱与联结——除此之外，不会再有任何危害。只要母亲的亲昵行为能够让一个儿子感到舒心，就没有任何潜在危险：不会影响男孩的性取向，也不会削弱其男子汉气概。

男孩如果不愿意迎合母亲“爱的告白”，往往是因为这会让他想起自己还是个“小男孩”时依赖父母的稚嫩时光——每个男孩常常都觉得自己长大成人了，都想远离那段记忆。15 岁的马特说：“妈妈的爱让我难为情，尤其在她当着别人的面想要亲我的时候。”他甚至觉得，把母亲爱他这件事告诉别人，也让他心里感到“怪怪的”。但他很喜欢母亲在他小时候给他做睡前按摩。自从他初中开始逐渐比母亲睡得晚了以后，就不再有这样的情景了，但他怀念母亲的这份亲昵，虽然从不启齿。

男孩们一般不会谈论这些。但是，事实不证自明：母亲的爱抚，对于一个男孩十分重要，他渴望得到它——不管是深情的拥抱，还是温柔的抚摸。在这个世界上，没有几个人能像母亲这样给予男孩与性无关的温暖，男孩对这种温暖有了切身体验，在他各方面真正成为一个男子汉的时候会回味无穷，并对母亲产生更加深沉的爱。

爸爸应该懂得回应

在现实生活中，家庭里往往妈妈唱主角，这本来无可厚非，但爸爸在亲子关系中也不应当缺席，不应当可有可无。如果仔细观察，不难发现一个规律：凡是温暖的家庭，爸爸都懂得回应！

1.爸爸懂回应，孩子更自信

曾听朋友说起一件往事：

小时候，朋友是和外婆住在一起的，每天最开心的事情，就是在晚上的时候，和外婆一起到公交车站等爸爸回来。他说："尽管外婆和妈妈都会给他爱和陪伴，但是爸爸就是爸爸，和爸爸在一起时的快乐，别人无法给予：他会给我有力的拥抱，他会拿胡子扎我的脸，他会带我打羽毛球、下象棋、去游泳。"朋友接下来的话让人触动很大，他说："在爸爸的这些回应中，他深深感受到自己是被爱的……由此，在他内心里埋下了一颗种子：我是他的宝贝，那我也会是所有人的宝贝。"而这种自信也贯穿了他的一生，在和别人的相处中，他始终都有一种坦然和自信，不怯场，也不害怕被拒绝。

2.父爱满满，孩子更乖

值得注意的是青少年犯罪和父亲也有一定的关系。

美国的一项调查显示：青少年犯罪的主体，更多的都是从小缺乏父爱的孩子。因为他们从小缺乏父亲的关心和教导，没有感受过来自父亲的约束感、权威感和纪律感。

父亲的缺位，让孩子身上缺乏应有的纪律教育和监督的机会，导致他们走向了歧途。

当一个孩子总是得不到父亲的积极回应，就会充满焦虑，自我价值感会越来越低，容易陷入自我怀疑之中。

反之，那些可以得到父亲积极回应的孩子，可以在与父亲相处中获得不可替代的爱与勇敢、魄力、力量、智慧……其内心充满安全感，会更加自信、乐观、开朗、豁达。

3.好的家庭，都有回声

一千个家庭，有一千种模样。

每个家庭的相处模式或许都有所不同，可是对于幸福的向往却都是一致的。

前两天，无意中看到一档电视节目《一路成年》，其中“达康书记”吴刚一家人的相处模式简直羡煞旁人。

在分配的房子里，吴刚把妻子的嘱咐贴在门上，时刻提醒自己和儿子。在节目录制过程中，吴刚会挤出时间向妻子汇报行程，会和妻子分享节目中遇到的所见所闻。同时，吴刚与儿子的相处，也有一种朋友间的轻松与亲密。

不管对妻子还是儿子，吴刚会将他们的话放在心里，时刻回应，及时交流。在他们身上，让人看到了一家在一起最好的模样。回家有饭吃，吃完有话聊。或许这是家给人最大的温暖吧。不是因为锦衣玉食，也不是因为房屋多么金碧辉煌。只是因为家里有人，能一起吃个饭，聊聊大家这一天经历的事情；或是发发牢骚或是诉说一下困惑，或是讲一讲趣事……

有人可倾诉，有人肯回应。这也是家人的意义，因为聚在一起，就可以抵挡这人生的孤独。

余生没有那么长，记得多给家人一些耐心和陪伴，好好爱彼此吧！

父母是孩子真正的起跑线

有句话前些年很流行,叫“不要让孩子输在起跑线上”。这种观点后来受到了批评,现在不大说了。确实,人生本来就不是赛场,以输赢的观念过早地将孩子推到赛跑中,这本身就暗含了一种输不起的心态。心态不正之后,再火急火燎地给孩子报各种培训班,逼着孩子学才艺,搞得自己很忙、孩子很累,很多情况下都得不偿失。这一点,不少家长已经用他们失败的经历给后来者提供了教训,这里不需要多说了。

今天要说的是另一个问题:孩子到底有没有起跑线?什么才是孩子真正的起跑线?回答是:孩子是有起跑线的,他的起跑线就是父母本身。父母的综合实力越高,孩子的起跑线就越好。这里不是鼓励孩子们“拼爹”,而是强调家长在孩子成长中的重要作用。如果父母真的想给孩子一个好的起跑线,那就要对自己用力,设法使自己变得更优秀。父母优秀,言传身教,孩子耳濡目染,无形中就会受到好的影响,接受许多正能量。

为了更好地印证这一点,不妨举例说明。陈寅恪是著名的国学大师,集历史学家、古典文学研究家、语言学家、诗人于一身,其才学之渊博举世公认。他的祖父是陈宝箴,曾任湖南巡抚,父亲陈三立是“清末四公子”之一,著名诗人。这样的家学背景就是陈寅恪很好的人生起跑线,使得他的学术眼光和人生志向非普通人可比。陈寅恪青年时曾游学日本、德国、瑞士、法国、美国等多国的多所世界著名大学,却没有获得一张正式的博士文凭。是他学问不精,论文答辩没有通过吗?绝对不是。而是他根本就对博士头衔不感兴趣。他到各国大学游学,完全是为了学习真东西。学问到手了,绝不会为了拿博士文凭而多待,哪怕只需要再等一两个月的时间。试想,如果不是有这么好的家世影响以及他的治学精神,他会有这么高的境界吗？直到今天,不是还有很多人用各种手段买假文凭、骗假文凭吗？有人辛辛苦苦学习、考试,目的就是为了拿一纸文凭,而且靠这纸文凭到社会上找份体面的工作。但是陈寅恪为了不耽误做学问的步伐,即将到手的文凭都可不要。这中间的差别,恐怕也如天壤吧！为什么人家能成为举世公认的大学问家？人家的务实精神、心态和境界就比一般人高出许多许多。

父母都希望自己的孩子有出息,这是没错的。可是,光抱着希望就足够了吗？要成为孩子好的起跑线,父母还要有自由的精神、独立的思考、宽广的胸怀、非凡的见识以及对孩子教育的辛勤付出。

今天的家长也都期盼自己的孩子成为陈寅恪那样的大学问家,那么问题来了:你能像陈三立那样支持孩子到哈佛留学却不要哈佛的博士文凭吗？如果孩子跟你说:“爸爸妈妈,我把博士课程都学完了,再有一个多月就可以拿博士学位了。但我不想等了,想马上赶到下一所大学去研究另一个学术问题。你们肯支持我的决定吗？”

你会真心地支持孩子的决定,还是会苦苦相劝:“差一个多月博士文凭就到手了,怎么说也得等一等呀！孩子,你哪能这么任性呢？以后找工作、评职称都需要文凭,你怎么能说不要就不要了呢？况且还是大名鼎鼎的哈佛大学的博士学位。”

父母的见识和境界在这里就体现出来了。大部分人的父母肯定会选择后者,因为大部分人都是普通人,看不破世俗的名利,更不肯舍弃世俗的名利。他们自己贪恋红尘,或为世俗的观念所束缚,肯定也会用这样的标准去要求孩子。相比之下,陈寅恪的父母就不是凡俗之辈,其精神与思想的高度在那里,哈佛博士文凭与实实在在的学问相比,投上一眼便知高下。对真正的学者来说,学问永远第一,学衔在学问面前永远轻如鸿毛。

父母才是孩子真正的起跑线。若想让孩子成为陈寅恪那样的人,那家长不妨先努力向人家陈三立学习——也不用学习写诗,学学人家的境界和见识就够了。对于做父母的来说,主要看境界、见识与格局。

怎样做孩子喜欢的父母

常有父母会说:“我已经给了孩子最好的爱,可为什么孩子却跟我不亲呢?”其实,并非家长的爱不真切,只是在表达方式上让孩子产生了误解。怎样才能成为孩子最喜欢的父母?不仅要有爱心,还要有耐心与智慧。需要针对不同孩子的特点“因材施爱”,用爱心、耐心与智慧来与孩子相处,方能达到既可管教孩子又能受到孩子真心喜欢的效果。

孩子身上的问题往往源自父母头脑中的问题,父母头脑中的问题不解决,解决孩子身上的问题也无从谈起。不会思考和功利心态是大部分父母的致命伤。所以,家长要注重教育方法的探讨,更要注意教育智慧的启蒙。

一是应当懂得孩子需要什么。每一个父母都希望自己的孩子好,但是很少有人知道孩子怎样才会“好”。如果说“好”意味着成功与幸福,那么孩子需要具备什么素质才能争取到自己的成功和幸福呢?

许多父母把教育目标锁定在“考大学”上。事实上,并非只有上大学才有机会,也并非上了大学就一定有机会。只注重学历的追求,实为“一叶障目,不见泰山”。健康的人格、积极达观的人生态度、适应环境和把握机会的能力等,才是人生幸福的最基本的保障。

二是应当懂得自身的言行对孩子意味着什么。应当说,家长是孩子的第一任启蒙老师,家长的言语和行动对孩子的影响至关重要。家长想要孩子怎样并不重要,而孩子从家长的言行中看到了什么、学到了什么才是最为重要的。在孩子面前,家长不应该不假思考地生活和做事,家长必须用心,必须考虑自己的言行会对孩子产生什么影响。

三是应当懂得怎样去做。家长知道做什么,叫作有方向;知道怎么做,叫作有能力。没有方向，努力和速度没有意义；只有方向，没有能力，方向本身没有意义。父母并不好当，但是必须当好。凡事都有解决的方法，家长不可知难而退，必须探究如何解决。

四是应当懂得做人也是做父母。既然教育是为了让孩子将来能够更好地生活，那么，生活就是教育的方向。现在生活中需要的，就是孩子将来需要的；现在考验家长的，将来也会考验孩子；家长面临的烦恼、挑战和机遇，将来孩子统统会面临。虽然时代不断改变，但是与人相处、消化压力、抵抗惰性与软弱、克服欲望、自我推销、打开局面、把握机遇等基本问题是亘古不变的。家长处理好自己的事情，做好自己，不仅为孩子提供了值得借鉴的经验，更是传递给孩子一个积极的态度，所以，家长做人的时候，也是在做父母，生活的全过程无时无刻不是对孩子的教育和影响。

家长拥有健康的价值观、人生观是家庭教育成功最重要的保障条件之一。父母可直接对孩子进行价值观和人生观的教育，也可在朝夕相处中潜移默化地向孩子渗透自己的价值观和人生观，而价值观和人生观决定了孩子的人生方向和感受世界的方式。

五是应当懂得多给孩子磨炼的机会。我国的一些教育家，在培养孩子的目标上，从来都是主张首先要教育孩子学会做人。俗话说"从小看大，三岁知老"。如果家长能有意识地从小就对孩子进行生活能力的培养，进行身体素质、心理素质、思想品德、行为习惯等综合的教育，就会收到事半功倍的效果。著名教育家叶圣陶曾说："教育就是习惯的培养。"一旦孩子染上了某种不良行为习惯，往后是很难纠正的，甚至会影响一生。培养孩子良好的行为习惯，首先要注意培养孩子的生活自理能力，其次要培养孩子与人交往的能力，这是一个人适应生存环境的最基本的能力。

其实，学习是一个循序渐进的过程，需要经常耐心地帮助和引导孩子，其前提是家长与孩子之间保持沟通并不断增进相互的理解，只有这样才能发现并及时纠正孩子的错误和缺点，并对孩子的优点和特长及时加以鼓励。而学习主要靠自觉，要引导孩子做到自觉。大量研究证明，早期的家庭教育对于开发个体潜能有着重要意义。在良好的环境和合理的教育下，完全可以把孩子巨大的潜能充分挖掘出来。爱因斯坦说过："想象力比知识更重要，因为知识是有限的，而想象力概括着世界上的一切，推动着进步，并且是知识进化的源泉。"

六是应当懂得创造民主的家庭氛围。尊重、理解孩子，是教育孩子的重要基础。爱孩子,就要了解孩子,洞察孩子的内心世界和性格特点。孩子在成长期可能发生这样或那样的问题,父母是去事事干预,还是给予充分的尊重与理解,这是在家庭教育中经常会遇到的问题。事实证明,给予孩子充分自由,使其在民主的气氛中有较多发表意见的机会,这种教育方式是孩子健康成长的必要条件。现在发生在学校中的极个别恶性事件,究其原因,便是一些学生的心理健康问题所致。这些学生往往学习成绩不错,但恰恰是因为缺少健康的个性而使其无法正视人生的挫折。健康个性的培养与家庭有着直接的关系。孩子出生后,和父母的接触最多,因此父母是孩子的"第一任老师",父母的思想品德、个性品质、知识经验、智慧才能、情感意志和育儿技能等方面都直接影响着孩子的成长,关系到孩子健康个性的养成。教育成功家庭的一个共同特点是民主型的教育方式:对自己,父母注意提高自身修养,以身作则;对孩子,则充分予以尊重和理解;对于孩子的学习,则往往首先从培养孩子的兴趣着手,以使孩子养成学习的自觉性,让孩子在优良和谐的环境中陶冶性情,形成健康的个性。

家长应做情绪的主人

一位同事的小孩已经三年级了,可是仍未养成良好的学习习惯,学习上很多时候是应付了事。每次同事看到孩子那个懒散的样子,就火冒三丈,虽然她也知道这样吼孩子效果不好,可就是控制不住脾气。

其实,这位同事面临的首要问题是怎样去控制自己的脾气,而不是怎样去纠正孩子的不良习惯,这就涉及情绪管理问题。

家长学会调节和控制情绪,不仅是关系到个人身心健康的重要问题,更重要的是可保证在教育孩子方面有一个良好的状态与氛围。可以试想一下,如果家长在情绪失控的状态下去教育孩子,只能是让孩子感受到家长的脾气暴躁,让孩子变得谨小慎微或者是特别逆反,很难达到预期的教育效果,甚至事与愿违,走向反面。为此,建议家长从以下几点去改善:

其一,积极参加各种丰富多彩的活动。家长可以根据个人的爱好需求,多参加一些社会活动,特别是自己喜欢的活动。这样,既可以转移自己的注意力,不再盯着孩子的某些弱点去批评指责孩子,又可以陶冶情操,培养自己积极乐观的情怀,有利于个人的身心和谐健康发展。

其二,进行自我暗示,学会自我调节。家长要学会用自我暗示的方式去控制不良情绪的产生或者蔓延。例如,当看到孩子的某些问题而想发脾气时,可以反复提醒自己:沉住气,放松,镇静,会好的。也可以在这个过程中配合着多做一些深呼吸,使紧张、烦躁的情绪松弛下来,和颜悦色地与孩子交谈,这样往往会达到良好的效果。

其三,换位思考,克制情绪。家长要学会站在孩子的角度想问题,体会对方的情绪与思想,这样就会更加客观、实际地走入对方心里,不但有利于防止不良情绪的产生,还能够促进问题与矛盾的化解。

其四,寻求心理咨询师的帮助。情绪情感的失控,很多是源于自我认知不足,或者是原生家庭给个人带来的一些影响。这就需要在专业心理工作者的指导下进行调整,且不可拖延,以免使个人情绪处于持久的低落、低迷状态之中。

最后,送给家长一句话:你无法改变天气,却可以改变心情;你无法控制别人,但能够把握自己。

学会给孩子“真爱”

有句话是:溺爱实为害,大爱似无情。作为父母,到底要怎样爱孩子才是“真爱”呢?

1.我们要明白爱孩子是无条件的

父母都是爱孩子的,但是,家长的这种爱是不是有条件的呢?

孩子刚生下来的时候,父母爱他皱巴巴的小脸,爱他打哈欠的丑样,爱他臭烘烘的小屁股,爱他细小却精致的小脚丫……那时,孩子是天底下最可爱的宝宝,是老天赐予的最美的礼物。那时,父母接纳他的一切,父母对孩子的爱是无条件的。

但是,随着孩子的成长,父母的爱变得有条件了:如果孩子能多认识些字,如果孩子能聪明些,如果孩子能把钢琴弹好,如果孩子能努力学习……家长不再觉得孩子是完美无缺的,总是希望他能变得更好、更完美些。

有条件的爱是,孩子只有达到了父母的要求,他才能得到正面的肯定与鼓励。比如,你必须做到A,父母才能给你B;或者,你只有不做A,父母才给你B,等等。

A是父母对孩子提出的种种“合情合理”的“正确的”要求,而B是肯定、表扬或者物质鼓励等正面的回馈。父母这种对待孩子的方式,是在用大人的意志去压制和取代孩子的意志,是逼迫孩子服从父母。长此以往,孩子的自我意志会变得越来越弱,他的自我价值判断会趋向于靠外在因素来衡量,而不是自我肯定。孩子会逐渐忽略和压抑自己内心的需求与感觉,而只去关注外界怎么评价自己。

如果孩子尽了最大的努力还是达不到父母的期望，那么他就会羞愧、自卑，觉得自己没有价值，更严重些，会觉得活着没有意义。孩子的心理和行为会因此出现各种问题。即使孩子达到了父母的期望，取得了好成绩，进入了好学校，找到了好工作，其内心还是会时时处于焦虑之中，因为总是有人比他更好。

父母想把孩子培育成一个自信自爱的人，就必须给孩子无条件的爱。怎么样才算是无条件地爱孩子呢？那就是接受和爱这个孩子本身，他是什么样子就爱他的这个样子。无论他长相如何，学习成绩是高是低，又或者是否聪明伶俐，也无论他犯了什么错，父母都爱他。

美国人本主义心理学大师罗杰斯认为，那些能够自我实现的人通常都在童年时期得到了父母无条件的爱。因为无条件的爱会帮助孩子建立起“我是值得爱的，我是有价值的”，“即使做错事了，即使我成绩不够好，我本身并没有问题，我还是可爱的”这样的信念，会让一个孩子的内心充满自信，这样他就敢于尝试任何新鲜事物，拥有源源不断的创造力。

2.要学会通过身体接触对孩子表达爱

如果父母能够在孩子年幼时，对孩子清晰地表达出自己的爱，孩子当下就感受到幸福和满足，他会更自信和自我肯定，在面临人生选择的时候，会更有底气选择自己想走的路。

表达爱的方式有许多，下面是心理学家总结归纳的几种被普遍认可的用身体接触对孩子表达爱的方式。

身体接触是最直接的父母向孩子传递爱、表达爱的方式。因为孩子的皮肤也会“饥饿”，需要大人随时随地满足他，这是孩子最本能、最自然的需要。心理学家对孤儿院孩子做过的相关调查显示，和同龄的在家庭中养育的孩子相比，孤儿院的孩子们普遍身材瘦小，各项发育指标滞后。研究人员发现那些孩子虽然能够吃饱穿暖，物质生活上并不欠缺，但是养育员没有时间去拥抱和抚慰他们，孩子们缺乏与大人之间身体上的亲密接触，这是导致他们在心智和身体两方面发育迟缓的根本原因。

小女孩一般都喜欢粘着大人，所以她们得到的身体接触往往比小男孩多。有些父母认为男孩要像个男子汉，所以给男孩的身体接触很少，有专家认为这是学龄男孩的行为问题远远多于女孩的内在原因之一。实际上，男孩和女孩在这方面的需求是一样的。针对有些妈妈讲到的儿子在学校的各种行为问题，专家在给出具体建议之后通常还要加上一条:每天多给孩子几次拥抱。好几位妈妈反馈说:仅仅每天早晚拥抱一下儿子,就让他快乐平和了许多。因为孩子接收到妈妈的爱了,他的心踏实、安宁了。父母和孩子之间经常拥抱,积极进行身体接触,孩子从中能够感受到父母对自己的关爱之情。

亲子进行身体接触有很多方式,可以拥抱、亲吻脸颊、拉手、握住孩子的胳膊、抚摸头发、搂抱肩膀、轻拍孩子的后背、把手放在孩子的面颊或肩上等等,可以随时随地进行。

比如,早晨起床的时候,用一个密密实实的拥抱,和孩子一起迎接新的一天的到来;送孩子进校门时,摸摸孩子的脑袋,拍拍孩子的肩膀或后背,拥抱一下孩子,跟他说再见;晚上接孩子回来的时候,用紧紧的拥抱表达对孩子的想念和见到他的欢喜;当孩子受到挫折时,当孩子情绪低落时,当孩子伤心流泪时,当孩子悲愤时,搂着孩子安抚他,用行动告诉他爸妈理解他的感受,无论怎么样,爸妈都爱他,都是他成长道路上的坚强后盾。

3.要学会通过注视对孩子表达爱

眼睛是心灵的窗户。通过眼睛的对视,大人能够观察到孩子的情感波动,感受到其真正的情绪和想法,同时,父母充满爱与欣赏的注视也会让孩子的心灵得到慰藉与力量。

很多父母虽然陪伴孩子的时间很长,但是孩子却依然对爱很饥渴,那往往是因为父母的注意力没有放在孩子身上,关注的并不是孩子本身。举个例子来说,妈妈在陪伴孩子做作业,孩子却扭着身子不老实,实际是在用行动表示:“你看我一眼嘛,你抱抱我嘛!”也就是说,孩子渴望妈妈注意到自己。而妈妈却看着桌上的课本和作业,皱着眉头说:“你看你这道题怎么做错了?这道题怎么还没做完?你好好坐着,把做错的改过来,把没做完的这道题做完了。”在这个过程中,妈妈始终没有认真地看孩子一眼,关注的是作业,而不是孩子。

还有很多家长非常擅长使用眼神向孩子传达信息,却用在了负面,比如瞪孩子一眼给予“警告”,使劲“瞅”孩子一眼表达对他行为的不满,或者只有在批评教育的时候才会全神贯注地盯着孩子。这说明家长本能地知道眼神对孩子有强大的作用力,但是却用错了地方。孩子越小,父母把眼神用在负面就越是不妥。孩子看到大人用眼睛瞪自己,基于恐惧,一般会听话,但是这种情绪在心里越积越多之后,孩子就会以悲愤、富于攻击性或者情绪低落等行为表达出来。

还有一种更差的情形,就是父母用“不看孩子”来惩罚孩子:你做错事,你不听话,好啊,我不理你,彻底忽略你、孤立你。孩子的感觉是因为我做错了事,所以妈妈要抛弃我、不要我了。这种情况下孩子的眼神是非常惶恐、畏缩、无助的,往往无所适从,十分可怜。家长这种把爱的连接渠道变成惩罚工具的做法,对孩子的伤害极大,会让其彻底失去安全感。

家长的眼神一定要用在表达正面鼓励或者表达爱上,多给孩子温暖的、爱的眼神注视,就是给予孩子爱的滋养。孩子越小,这个方法越重要。

4.要学会用语言表达爱

在现实生活中,许多父母对于使用口头语言表达对孩子的爱都有心理障碍,正所谓“爱你在心口难开”。孩子小时候可能家长还会对孩子说:“妈妈好爱你啊!”可一旦孩子大一些了,这句话似乎就说不出口了。如果家长能够真诚地对孩子说一句“爸爸妈妈很爱你”,则无论多大的孩子,内心都会受到震动,继而感动。父母要利用各种机会告诉孩子:父母爱他,这个爱是无条件的,父母对他所有的期盼就是希望他能够快乐生活、健康成长。告诉他,父母希望他在学校取得好成绩,希望他能考上心仪的大学,是觉得这样他能够接受高质量的大学教育,在更高、更好的平台上学习和提高。告诉孩子,父母多么以他为荣,他有那么多优点,善良、勇敢、负责任、有爱心……告诉他人生很长,一时的得失和成败都没有什么了不起,一定要花时间找到自己想要做的事,想明白自己想要成为什么样的人,想明白生活的意义是什么,以及真正的快乐从哪里来。告诉孩子,爸爸妈妈永远站在他的身后,支持他,给他加油。

5.要学会在重要时刻表达爱

亲子关系有两个层面:一个是血缘关系,一个是情感连接。

血缘关系是个事实,这可带来理性上的认知:这个孩子是我的,我应该爱他,关心他。但现在假设一个孩子因种种原因从小和父母分离了,那么父母再见到这个孩子的时候,理智上虽然知道自己应该爱这个孩子,但是在情感上还是会觉得这个孩子陌生,因为情感上的连接无法从道理上或者靠学习来建立,感情需要朝夕相处、日积月累地培养凝聚。深厚的亲子关系,需要用时间来浇灌。

许多家庭很重视家庭成员相聚的时光,晚上父母和孩子一起吃饭是生活常态。有位企业家父亲，每个周末都会抽出半天时间陪伴儿子，父子俩一起去书店或图书馆，看展览，爬山，打球，吃饭……儿子随心所欲地聊学校的事情，聊朋友的情况、班上的老师和同学、对新闻事件的看法等等，爸爸则专心致志地倾听。在这个时间段，爸爸甚至把手机都关掉，给孩子全部的时间和注意力。他说："我平时没有时间陪孩子，那么在这半天里，我要让他切切实实地感受到我对他的重视和关心，我参与到他的成长之中了。"有时候这位爸爸周末出差，无法陪伴孩子，回来后一定会找时间补上，至少补上半个小时单独和儿子在一起的时间，与儿子聊聊。他说："儿子的成长比企业重要多了，如果因为生意而把儿子忽略了，那就是本末倒置了。"这个孩子和爸爸在情感上的连接很紧密，什么问题都会跟爸爸探讨，而且非常开朗、自信、有主见。

陪伴孩子，对于孩子的健康成长固然至关重要，而对于家长也同样是难能可贵的经历。很多人因为工作太忙而没有时间陪伴孩子，便把孩子交给老人和保姆带，或者送全托，这是把老天送给家长的感受爱与陪伴孩子共同成长的宝贵机会拱手送出了，而这种失去是永远无法弥补的损失。

有一位妈妈讲她陪伴孩子的体会："女儿小的时候我要拿学位，等我毕业了又要找工作，非常紧张忙碌。那时虽然天天和孩子在一起，但是心并不在她身上，觉得把她喂饱让她穿暖就行了。记得女儿上小学的时候常常抱怨说：'你们都不关心我，都不理解我。'后来孩子到了青春期，情绪和行为都出现了异常，我开始觉醒，换了个轻松的工作，把心思放在孩子身上，关心她的真正需要，和她一起为成功兴奋，为失败伤心，为恋爱烦恼，为穿衣打扮操心……现在女儿离家上大学了，还是和我很亲密。我回头来看，那几年是我人生中最快乐、最有成就感的时光。"

有很多工作忙碌的父母，用给孩子买贵重的礼物、买孩子喜欢的衣服和食物等来代替花时间陪伴孩子。其实买东西虽然也是表达爱的一种方式，但永远无法代替父母的陪伴。孩子最想要的不是钱，不是礼物，而是父母的贴心陪伴，是父母的时间，是父母那份沉甸甸的亲子之情。

怎样培养懂事的孩子

培养一个懂事的孩子,是每一个家长梦寐以求的事情。

那么,什么是懂事呢?懂事,即人们常说的情商高,能够理解他人,具备对他人的遭遇感同身受的能力。这个能力如何培养呢?首先取决于孩子自己是否有过这样的切身体验:自己的感受曾被人真正感受到,自己的遭遇被人体谅,自己的情感有人共情……

倘若一个孩子,甚至是一个成年人,他从未有过此类体验,却被要求具有共情他人的能力,具备体谅他人的情商,恐怕就是奢谈——谁能从口袋里掏出自己根本没有的东西来呢?

举个例子说,父母们都希望孩子能学会分享。分享固然是一种"品质",但是从心理学角度上看,分享的前提首先是当事人内心充盈,也就是说,一个人只有切实感觉到"自己有,而且很丰富",才可能拿出来与他人分享。若是在诱惑、威胁和恐惧中不得不献出,则势必加剧其匮乏感。倘若内心根本没有体验,又何谈分享呢?

在日常育儿的过程中,有时会看见这样的场景:父母要求一两岁的幼儿,把玩具或食物分享给小伙伴,而孩子不愿意做。这个时候,父母常常会说"你真小气,你要学着分享,不然别人就不喜欢你了";更有甚者,在孩子尚未做好准备的情况下,父母已经将孩子的玩具、食物强行替代孩子"分享"了出去。

从心理学的角度理解,这样的做法并不能帮助孩子学会分享。在这个阶段的孩子看来,玩具、食物都是他身体的一部分,被强行划分出去,会带来身体被侵犯的感觉。这时候,孩子的哭闹不是小气,而是在表达自己切实感受到的一种非常糟糕的体验。

长期沉浸在类似的教养环境中，孩子的内心多半会深深植入一种或许伴随终身的匮乏感。

与此同时，长期被如此教养的孩子，也很难理解“他人的物品不可以随便动”的道理，慢慢地就长成了别人眼中的“熊孩子”模样。他们对边界漠视，不懂得尊重别人，肆意侵犯他人利益。同时，当自己遭遇侵犯时，往往又怂成一团。

所以，当家长要求孩子“懂事”之前，可能首先需要伏下身子去理解孩子。比如，在孩子遇到陌生人不想打招呼的时候，父母也不要去强迫他，而可以在其耳边轻声地告诉他：“我知道你有点紧张了，是吗？那么等你准备好了，我们再去打招呼如何？”或者，家长干脆不去要求，而是身体力行地做好自己，行为举止合乎礼貌，孩子看在眼里，随着他们长大，内心越来越有力量时，父母的言行就会内化在孩子的心中。到那时，孩子见面打招呼，才是自然而然的情感流露。

给孩子建立规则，应当遵循以下几个原则：

家长身体力行的榜样作用。如果父母希望孩子在吃饭过程中不说话，那么全家人都应该在吃饭的过程中不说话，慢慢地孩子就会潜移默化地遵守这些规矩；而不是成年人可在进食的过程中随意讲话，只有孩子需要“守规矩”。

不以恐吓、威胁为手段。如果父母非常不希望孩子做某些行为，那么应该直接告诉孩子哪些行为不可以做，而不需要恐吓孩子：如果你这样做，会发生可怕的事情，会招致何种惩处……以夸大危险的方式描述后果，期待以此震慑孩子，这样只会模糊规则的意义。

规则应在行为发生之前明确。孩子的一切行为，都需要在一个有规则、有限制的领域内实施，且这些规则只能是事前约定，而不能事后立法。否则，对孩子来说，一切行为举止的后果都是无法预见的，是在不可知的领域内撞运气。只是有时候运气不错，恰好逃避了责罚，有时候运气不佳，所以招致惩罚，由此规则的意义也就丧失了。

界限与规则，既是约束，更是保护，它们的存在给孩子带来稳定踏实的感觉。如果家长可以在建立规则的时候，保持温柔且坚定的态度，同时在行为发生之前树立边界，告诉孩子哪些行为是禁止的，哪些行为是允许的，孩子才能感受到安定，体会到自在。

何种教育方法会带出"失败的"孩子

好的家长与家庭环境造就优秀的积极向上的孩子，反之，则会让孩子复制父母的缺点，或是受不良环境影响而成为身心不健康的人。以下几种情况往往会带出"失败"的孩子：

一是家长人生态度消极。一些父母时常在孩子面前谈论目前社会上出现的贪污腐化、道德沦丧等社会阴暗面，发牢骚、讲怪话、怨气连天，有的父母甚至还把反映社会阴暗面的"顺口溜"说给孩子听。长此以往，耳濡目染，孩子就会逐渐缺乏社会责任感和远大志向，看问题偏激、情绪不稳定、自私自利、任性蛮横，这样的孩子将来很难成为对社会有用的人。

二是家长不适当地追求享乐的生活方式。追求富裕的生活本无可厚非，但有些家长缺少对孩子进行艰苦朴素、奋发进取精神的启迪与引导，而只是满足于小市民的安乐生活，不求上进，无所作为，甚至经常沉湎于吃喝玩乐之中。这种环境可能会误导孩子形成目光短浅、不求上进、贪图享乐、玩世不恭的生活态度。

三是不和睦的家庭关系。家庭主要成员不能和睦相处，经常争吵，甚至大打出手，这种状况往往不仅给家庭生活罩上了阴影，而且给孩子带来难以弥补的心理创伤；由此会造成孩子性格孤僻、自卑感强、自尊心低下、自控能力差，并有可能导致孩子离家出走、流浪街头，甚至走上犯罪道路。

四是采取打骂的教育方法。孩子若经常处在被打骂责难的环境中，其幼小的心灵和肉体都将受到摧残，会变得意志脆弱、胆小怕事、情绪低落、缺乏自信，甚而患上精神抑郁症和精神封闭症。

有关专家的调查显示，近 2/3 儿童曾经遭受过家庭暴力。在接受调查的大学生中，54％的人承认自己在中小学阶段经历过父母的体罚，其中体罚形式以父母手打脚踹为最多，占到 88％；借助工具，如棍棒、皮带、衣架等实施暴力的占 1.6％。从体罚的种类看，辱骂占 25.28％，罚跪占 16.36％，罚站占 13.38％，被父母逐出家门占 4.09％。心理学家指出，父母在孩子的成长过程中滥用体罚，会给孩子造成诸多心理问题。

五是缺乏有修养的讲话方式。有些家长由于缺乏文化修养，平时脏话、糙话不离口，处理问题简单粗暴，甚至当着孩子的面讲低级趣味的话，长期如此，会使孩子从小讲话就没有礼貌，不讲道理，粗鲁蛮横，令人生厌，不易被社会所接受和容纳。一些家长常常抱怨自己的孩子不听话，其实有时并不是孩子不肯听父母的话，而是父母未能学习与掌握与孩子沟通的合理思路和技巧。

教育孩子的规则与界限

现代教育提倡"无条件地爱孩子",给孩子自由,却给不少家长带来了困惑:无条件地爱孩子是满足孩子的一切需求,孩子想干什么就让他干什么吗?

当然不是。无条件地爱孩子,只是前半句,后面还有半句:有原则地爱孩子。也就是说,爱孩子,给孩子自由,依然要给孩子立规矩、划界限。儿童教育家蒙台梭利说:建立在规则上的自由,才是真正的自由;同样,建立在规则上的爱,才是真正的爱。

1.有规则与限制,才能享受更大的自由

应当承认,不设立任何规则和界限,孩子们想做什么就做什么,这种做法对于孩子的成长极为不利。孩子并非生活在真空里,当他接触其他人、处在不同环境时,就需要遵守那个环境中的规则和界限,否则将承担相应的后果,严重时甚至会受到法律的制裁。

如果孩子从小没能建立起规则和界限的概念,长大以后就容易在适应社会方面出现问题。比如,对限制自己的人、环境和规则感到愤怒,不愿意与外界接触,更有甚者还可能敌视社会。也许他会埋怨父母——父母没有告诉他,人是需要且可以适应现实的。这些显然都非我们所愿。

从表面上看,规则和界限是限制,但他们的深层含义在于让我们享受更大程度的自由。女儿上二年级的刘女士深有体会:孩子刚上学时,与孩子一起立了一些学习的规矩,比如上课如何表现,放学回到家先干什么,后干什么,等等。其实,在某种程度上这也是一个计划。于是,孩子每天回家照"规矩"来,经过了一年的"按部就班"训练,孩子学习的事基本不用大人操心了。所以说,"管"是

为了“不管”，规矩让孩子知道应该做什么，规范了自己的行为，学习效率提高，也给自己赢得了更大的空间，家长和孩子都轻松。“完成学习任务后，我们一起做游戏，享受亲子阅读时光，每天很愉快。”儿子8岁的田女士也说，孩子一二年级时，他们在生活和学习中共同立了一些规矩，开始孩子只是“照规行事”，慢慢地就养成了习惯，形成孩子自己的做事风格了。

不同的家庭针对不同的孩子，立的规矩和界限各不相同。例如，有的家长要求孩子尊重长辈，不能和大人顶嘴，对人有礼貌，每天放学后完成作业再玩，玩游戏要有度等等。规矩与界限渗透在家庭生活的各个方面，有的是明文规定，有的是口头约定，从而保证了孩子的健康成长。

2.告诉孩子规则和界限的用意

给孩子立规矩的过程中，作为家长应当特别注意，不管立什么规矩，一定要告诉孩子规矩和界限的用意，从而帮助孩子理解它们的积极意义所在。比如，孩子随手把垃圾丢在街上时，父母可以告诫孩子不可乱扔垃圾，并且告诉他为什么要有这个规则——如果大家都乱扔垃圾的话，我们就会生活在垃圾堆里，多难受啊！然后，请孩子把垃圾捡起来扔进垃圾桶，或者跟他一起做。一般而言，孩子在理解规则用意的情况下，更愿意主动自觉地遵守。

有些时候，父母给孩子立规矩，只是出于自己单方面的考虑或者心血来潮，想起一出是一出，孩子不理解或者不接受，那样的规矩执行效果也不会好。比如，遇见熟人，父母希望孩子跟人家打个招呼。可是，事先没跟孩子解释为什么要这样做，只是在遇到熟人的时候，告诉孩子“叫阿姨，叫叔叔”，孩子若不听，父母就责怪孩子，怎么这么没礼貌。孩子是个有自己意愿的人，不是一按按钮就听指令的机器。所以，家长需要给孩子立下规则与界限，一定要事先同孩子沟通交流，使孩子明白并接受其用意，这样才会收到好的效果。

3.将规则从束缚变成指南

在管教孩子过程中，一些家长有许多言明或者未言明的规定和限制，比如“小孩子不可以跟家长顶嘴”“不能乱发脾气”“女孩子要文静，男孩子要坚强”“不能乱要东西”“回家写完作业再玩”等等。父母的本意是用这些规则保护孩子，让其健康成长，但却经常适得其反，甚至遭到孩子的反抗，被孩子当成成长的“束缚”。

如果规则最后变成束缚，那就违背了制定规则的初衷。那么怎样发挥规则的作用呢？《相信改变会发生》一书中提出，应当把家庭规则从束缚变为指南。

对孩子有益的方式是将家庭规则以指南的方式呈现出来，让孩子知道“指南”是父母根据他们的智慧和经验提出的观点和期待，而孩子有自己的意见和选择权，可以保留适合自己的，而放弃不合适的。这样，既能帮助孩子达到父母美好的要求，又能使孩子活得放松、愉悦。当然，在这一过程中，家长特别是孩子也许会出现这样或那样的偏差，即便如此，亲子也完全可以在民主、平等与融洽的氛围之中分析、探究，从而统一认识，纠正偏差，步入正道。

4.要求孩子做到的，家长先要做好

制定规则，要以理服人，大人和孩子应当共同遵守，而且父母要率先行动，作出表率。父母的影响和榜样的作用十分重要，如果父母言必信、行必果，孩子也就学会了遵守规则。

一位父亲对儿子说：“不许看手机、玩游戏，影响学习。”儿子立马回应：“那你怎么回到家总是抱着手机、从不学习？”父母管教孩子、在给孩子立规矩的过程中，不能“只许州官放火，不准百姓点灯”。对于父母的行为，孩子看在眼里，记在心里。因而规矩不仅仅是给孩子立的，约束孩子，首先要约束自己。在规则和界限面前人人平等，要求孩子做到的，父母要首先做到。否则，孩子内心会很不服气，产生抵触情绪；或者十分困惑，纠结其中；或者对大人产生盲目羡慕，不愿意做孩子。

除了立规则，家长要带头示范外，立规则还应当简单清楚，不要太繁杂。太繁杂了，孩子记不住，做不到，就会流于形式。还要考虑到孩子的年龄和接受程度，如带四五岁的孩子看演唱会，要求孩子和大人一样安静地听，便不符合孩子的年龄特点，因为那么小的孩子在那样的环境里根本坐不住。

制定了规矩之后，父母一定要坚持执行，如果孩子违规了，就要接受相应的惩罚，不能跟孩子说下不为例之类的话。孩子会揣摩父母的心思，会不拿规矩当回事。

5.不给孩子贴标签，不在人前训孩子

当孩子触犯规则与界限时，家长不要评价孩子本人，给他贴标签儿、下定义，而是针对他的具体行为指出与纠正。比如下次孩子乱扔垃圾，父母不要说

“你怎么这么差劲,我不是说了吗,把垃圾扔到垃圾桶里!”或者“你怎么就是不听话,非要扔到外面?”这样否定、贴标签的话,否则,就会让孩子觉得自己不好,导致自尊心受到打击。家长应当平静地告诉孩子:“妈妈跟你讲过这样的情况应该怎样做,不是吗?”孩子可能马上就会意识到自己的错误,并且及时改正自己的行为。

习惯的养成需要时间,家长应当给孩子一定的时间。特别要注意的是:当孩子的行为不够好的时候,要把孩子本人与其行为分开。家长应肯定地说:你是个好孩子,只是哪里做得还不够好,只要改正错误的行为就可以了,爸爸妈妈永远爱你。

家长不应全凭自我感觉管教孩子

在陪伴孩子成长的过程中,无论是在行为上还是在思想上,父母和孩子常常有不一致,难免发生冲突。

比如:天凉了,妈妈觉得冷,便让孩子穿秋裤,可孩子说根本不冷,坚持不穿。

妈妈做了一桌子的美食,希望给孩子加强营养,孩子吃了没有多少就说吃饱了。妈妈说,吃得太少了,再吃点。孩子不接话茬,离开饭桌进了自己的房间。

家长觉得弹钢琴是优雅又有才艺的事儿,于是不与孩子商量,便买来了钢琴让孩子学,可是孩子就是不喜欢。

孩子写完了老师布置的家庭作业,妈妈为了让孩子多学点,又给布置了几道题,可孩子不想再做。

家长看到一件衣服美观又大方,给孩子买回来,可孩子说太难看,就是不肯穿,直到放小了也没有穿过一次。

……

于是,家长可能会说孩子不懂事、不听话、没礼貌、不知好歹、不爱学习等等,自己心里很生气、很失望、很着急、很无奈……

然而,真的是孩子不对吗?也许孩子会问:为什么我的身体和肚子,要以大人的冷暖和饥饱为标准?为什么我的喜好一定要服从父母?为什么爸妈就是不相信我的感受呢?大人的感受能完全代替孩子的感受吗?

这的确是一个问题。

孩子是独立的个体,对冷暖饥饱,对喜怒哀乐,有自己的切身感受。在孩子未成年的时候，大人可以用自己的标准和判断作参考，引导、帮助孩子去感受、选择，而不是将个人的意志强加于孩子，强迫孩子无条件地服从自己的决定，否则便将影响孩子的健康成长，甚至贻误孩子一生。

家长管教孩子，总有原则和标准，这个原则和标准依据什么呢？应该是依据孩子的身心发展特点、孩子的性格特点，根据家庭的情况、环境以及现实的条件等等。尤其要注意的是，尊重孩子的感受。很多父母往往忽略了这一点，太主观、太片面，一味地以自己的标准为标准，完全不理会孩子的感受。

在一次家长会上，一个女孩的妈妈做了分享：我闺女平时挺乖的，放学回家先写作业，写完作业看会儿电视。但是，她喜欢看真人秀、娱乐类的节目。我觉得这类节目没有意义，不愿意让她看。一次，她看了20多分钟还在看，我就说："你有完没完？要看多长时间？"她说："我看会儿怎么啦？"我问她："你为什么喜欢看这样的节目？"她说："为什么我不能看这样的节目？"我说："这样的节目有什么好看的，嘻嘻哈哈，傻玩傻乐，一点意义都没有。"她说："我就喜欢这样的，可以缓解压力。"我说："你有什么压力？我怎么没看出来？"孩子说："非得你看出来才算有压力？你以为你说的就是对的吗？你总想控制我，什么都得听你的，看个电视也要听你的。你是家里的晴雨表，你高兴我们就高兴，你不高兴，我们就得不高兴。"于是，我们俩就这样吵起来了。吵过后，女儿去学习了，我心里却很不平静。我咨询教育专家，孩子喜欢看真人秀节目怎么办？专家问我：为什么不让看？我说：没意义。专家只回答我一句话：这是你的问题。我静下心来好好想了想，认识到的确是我的问题：我自己不喜欢，就不让孩子喜欢，这是不尊重孩子。

很多父母都是以自己的经验和认识教育孩子。当孩子和自己一致时，他们认为孩子是听话的，心里挺满意；而当意见不一致时，就觉得孩子"不听话"，很着急，先是说服，说服不了就来硬的，靠压服来让孩子屈服，以为只有这样才能放心、踏实。其实，一些自以为是"为了孩子好"，粗暴地干涉甚至控制孩子的家长，是打着"爱孩子"的幌子，只顾自己的感受而不考虑孩子感受的自私的家长。

最好的教育就是因势利导，因材施教，孩子有某方面的兴趣和爱好，是一个很值得庆幸的事情，说明孩子找到感觉、找到自己一段时间内的努力方向了，父母的责任是给予引导、支持和帮助，让孩子把爱好和兴趣定位得更加准确、科学，并且转化为探索的力量，大胆追求理想，释放生命的巨大能量！

家长要了解孩子的心理特点，多与孩子换位思考，多与孩子沟通交流，了解其真实思想与心理世界。同时，也应把立规矩和大人的标准区分开来。

在管教孩子的过程中，家长的原则应当是“内在地给孩子充分的自由，行为上则设立规则和界限”。也就是说，父母对孩子的行为进行约束，而接纳他的感受、想法、期待、渴望等内心状态，从而支持孩子的自我价值建立与实现。“对孩子的自我价值追求的支持，可以使他不断地进行创造性的自我调整，并勇于对自己的行为负责。”

孩子也是一所学校

陪伴孩子成长,父母承担着教育孩子的责任。父母是孩子的启蒙老师,也是孩子的终身老师。其实,从某种意义上说,孩子也是一所学校,也在教育着父母,教会父母很多东西。家长只有放下架子,虚心向孩子学习,才能更有资格引领、教育与陪伴孩子健康成长。

一位亲戚的宝宝看了《猜猜我有多爱你》,感动于兔妈妈和兔宝宝之间的爱,深情地对妈妈表白:"妈妈,我对你的爱,有地球到宇宙边缘那么多!"妈妈一时幸福满怀,由此也明白了:爱别人就要让别人知道。

同事小李有一天加班挺晚了才回到家,打开家门,不见丈夫的身影,只见5岁的女儿一个人在客厅看电视。她烦躁的情绪立刻涌了上来,对女儿吼道:"这么晚了,怎么还在看电视?"说着就把电视关了。她哪儿知道,女儿下午放学后,一直在和爸爸读书、画画,刚才爸爸帮她洗漱完了,允许她看会儿电视。小李的行为引起了女儿的不满:"好妈妈是这样对待孩子的吗?"女儿的话把她给"震住"了。她一下子平静下来,了解了事情得来龙去脉后,给孩子道了歉,并告诫自己"没有调查就没有发言权",同时无论什么时候都要做自己情绪的主人。

亲子共读会上,一位家长说:"我由于平时工作比较忙,共读会上发的书,我拿回家看,两个星期都没看完,可儿子几天就看完了,还主动和我探讨书里的内容。其实说来惭愧,我并没有忙到没时间看书的程度,就是零散时间都给了手机,没有像孩子那样心无旁骛。"

孩子的眼睛在看着家长,让父母不敢那么随意,约束着自己的任性、随便;孩子的言行,感动着家长,让父母体会养育孩子的幸福;孩子的言行提醒着家长,让父母反省:原来自己很多地方不如孩子,应该好好向孩子学习。

实际上,教育孩子的过程就是家长自我修正的过程。为了更好地教育孩子,父母需要去学习、充实自己,让自己变得更好、更优秀。

孩子上课三心二意怎么办

有一位家长的孩子 7 岁了，刚上一年级，老师反馈孩子做事情经常三心二意，一会儿喜欢做这个，一会儿又喜欢做那个，完全没有坚持，在班里和其他小同学不大一样，集中注意力的时间比较短。

一般来说，低年级孩子注意力水平大部分比较低，随着年龄的增长会逐渐提高。但根据老师说的这种情况，我们基本上可以认为，这孩子在同年龄孩子当中注意力水平属于比较差的。

一年级孩子的注意力集中时间一般为 20 分钟左右，这个阶段的孩子很容易被其他新奇的、有趣的事物所吸引，从而受到外界影响。比如，如果孩子回家写作业，而书桌上摆了各种玩具、图片、零食等，那孩子很容易就会将注意力从作业中转移到桌上的各种东西上。所以，家长首先要为孩子提供一个安静的、不受外界干扰的环境，这更有助于孩子投入学习。有的家长不放心孩子的学习，一会儿看看孩子在做什么，一会儿指点一下孩子的作业，一会儿让孩子吃水果或喝水，这都是在打断孩子的注意力，降低孩子的专注能力。

家长还可以尝试着为孩子进行合理的时间设置。由于生理的限制，一年级的孩子难免出现注意力不集中的现象，所以家长需要帮助孩子合理安排时间。比如，一年级的孩子认真学习了 20～30 分钟后，就应该休息一会儿，这样间歇性地休息也是为了更好地学习。

同时，家长需要帮助孩子发现他注意力的最佳时间段。家长可以观察孩子在家里学习时哪个时间段的注意力最集中，是晚饭前还是晚饭后，是玩要前抑或玩要后，从而帮助孩子寻找他注意力的最佳时段，提高学习效率。

最后，家长要用积极鼓励代替不当的评价。心理学研究和大量的生活实例表明,被积极鼓励后的行为更能重复出现。对于孩子出现的一些积极的行为方式,比如安静做事情的时候(哪怕是玩耍),应进行及时的强化鼓励,孩子就会有更多良好行为的出现,也会将良好行为逐渐固定下来,不再有那种三心二意的表现。

提升孩子注意力的三种方法

在信息爆炸的年代，一个人注意力的高下，在很大程度上决定了他是否能够取得良好的个人发展。而从小培养孩子的注意力，是家长能够送给孩子的弥足珍贵的人生礼物。下面就介绍三种提升孩子注意力的方法：

1.善用定时器

孩子和成年人一样，难免会有惰性，如果一个任务没有任何时限要求，就很容易导致效率低下。所以，家长用定时器来监督孩子做事情是一个不错的选择。不过，在设置定时器时，时间不要超过15分钟，可以每5分钟提醒孩子一次，在结束前1分钟再提醒他一次。如果孩子刚开始使用这个方法，可以多提醒；但如果孩子已经熟悉了，就不要一直提醒，以免造成干扰。

2.善用训练注意力的APP

要提升孩子的注意力，可以找一些训练注意力的APP，这里不做特别推荐，只提出若干挑选的原则。首先，应避免声光效果太强烈的，因为使用这样的APP，孩子会过于被动依赖，对他们的负面影响比较大。其次，应找可以记录成绩以及有简明报表的APP，这样才知道训练到底有没有帮助。再次，应挑选适合孩子年龄段的APP，太难的或者太简单的，都没有办法实现对孩子的有效训练。

3.听绘本

有别于视觉信息呈现的画面，要能掌握听觉的信息，更需要一个人高度集中的注意力,因为语音信息稍纵即逝,必须侧耳倾听,不会像看画面那样目光可停留比较长的时间。拿阅读绘本和听懂绘本这两件事相比较的话,听懂绘本是比较费力的,所以家长就可选择听绘本,对训练孩子的注意力来说是比较好的方法。

孩子不喜欢学习怎么办

儿子上小学五年级了，妈妈感觉儿子好像没有学习的动力，整天无精打采的，对学习的事情不上心，只是勉强应付，所以学习成绩也很差。前两天，孩子还直接和她说，自己不喜欢学习，不想上学了。父母对此非常焦虑，却又感到束手无策。

我们身边总是有一些孩子，像上面这个孩子一样，对学习得过且过，应付了事，没有学习的动力。问题出在哪里呢？如果追溯他们小时候，相信每个孩子都曾对这个世界充满了好奇，不断地探索这个世界，不断地学习，并欣喜地接受着成年人教给他的知识。可是，随着孩子慢慢长大，为什么会对学习失去动力和兴趣了呢？是学习能力欠缺？学习方法不对？学习困难太大？学校适应难度大？不喜欢某个老师？自信心不足？注意力难以集中？……不同的孩子，不喜欢学习的原因各不相同，当务之急是家长应当首先弄清楚孩子不喜欢学习的真正原因是什么，再做下一步打算。

在这里，只是为家长提出三点建议，以供参考：

其一，了解孩子的兴趣爱好是什么，然后帮助孩子把自己的兴趣爱好发展起来。不管孩子这个兴趣爱好与学习多不搭界，比如打球、集邮等，也要先支持，因为只有让孩子做自己感兴趣和爱好的事情，才容易进步、成功，而进步、成功的体验会激发孩子做事情的动力，让孩子做得更好。

其二，在孩子兴趣爱好发展起来的同时，看看孩子哪门课程的学习成绩相对好一些，然后从这门课程入手。家长要帮助孩子每一天写出一张学习任务清单。列出今天要完成哪些学习任务，完成一项任务就奖励孩子一个小粘贴，以此鼓励孩子。在一天结束时，总结孩子的进步，并写到孩子的成长记录中。这个方法操作性很强，只要坚持下去，一定会帮到孩子。只要孩子把知识点一个个贯串起来并掌握好，考试的时候能够取得一个好分数，孩子对学习的兴趣自然会提高。一门课程解决了，再找第二门相对好的课程……以此帮助孩子逐渐克服学习上的困难，让孩子真正体会到学习进步的喜悦与成就感，从而爱上学习。

其三，把学习的主动权还给孩子。在调查中发现，一些孩子之所以不喜欢学习，往往是因为一些家长对孩子的学习过分认真，无形中打击或挫伤了孩子的学习积极性。一些家长对孩子的学习普遍期待过高，在孩子达不到家长的期待时，便常常对孩子抱怨、批评、指责，使孩子在学习上不仅体会不到丝毫快乐而且充满挫折感，久而久之，有的孩子甚至会错误地认为，自己学习就是为家长学的。试想，一个人为别人学习，还得不到一点肯定，谁还愿意干呢？孩子怎会不消极怠工？所以，要想让孩子产生学习的内在需要，学会主动学习，家长只有把学习的主动权交给孩子，让孩子真正为自己的学习负责。这里需要特别注意的是，家长刚开始把学习的主动权交给孩子时，孩子成绩可能会更差，但家长不要紧张，只要给孩子和自己一定的时间，并同时给予孩子适当的指导或引导，一个学期、一个学年之后，相信孩子一定会慢慢对学习产生兴趣。

如何面对孩子的学习成绩

每到期中、期末考试前后的一段时间，街头巷尾、家里家外的一个中心话题便是孩子的考试分数，可见家长、孩子对考分的重视程度。考试分数到底能说明什么呢？它只能说明孩子在某一时段对某一学科或者某一部分知识的掌握情况。美国心理学家吉尔福认为，智力因素有120种，而学校考试仅能测试出几十种智力因素，还有很多是无法用考试测试出来的。考试分数受很多因素制约，比如基础、能力、环境因素、临场发挥等，都对孩子的学习成绩的变化有影响。

现在，一些家长对孩子的分数问题存在两个误区：一是看见孩子得高分就欢喜，进而给予孩子过分的夸奖和物质刺激，希望孩子每次都考第一；二是不管孩子基础好坏、用功与否、得分低是什么原因，见了低分就斥责、打骂，长此以往会造成孩子个性发展的缺陷和畸形。

孩子得了低分，建议家长应该注意以下两点：

一是应该使孩子确信父母是爱他的。在此基础上，家长可以通过轻松的谈话来了解孩子的情况，鼓励孩子努力学习。一位爸爸是这样做的。有一次，他的孩子只考了48分，他让孩子把卷子拿出来，与孩子共同研究。首先，他给予肯定："考得不错，当然还有提升的空间，相信你下次努力，多答对一个填空不就50分了吗？再努力一下，多做对一个计算题，不就60分及格了吗？"说起来，大家似乎觉得爸爸要求是不是太低了，但是这对成绩差的学生来说，是一个很大的鼓励和帮助。

二是家长要冷静思索与研究孩子学习差的原因是什么。一般来看，其原因可以从以下五个方面分析：(1)多数学生成绩不佳主要原因是非智力因素，如兴趣、性格、意志、动机等方面存在问题,对学习没兴趣,缺乏动力等,都会造成学习成绩差。(2)家庭内学习环境差,如有的家长每天晚上不是看电视就是打麻将,甚至喝酒、打架,从不过问孩子学习。(3)有特殊偏爱。有的孩子喜欢体育,或音乐,或美术等等,造成他放弃其他学科的学习。(4)基础差。有些孩子以前基础不好,新旧知识有一定相关性,因而上课听不懂。(5)有些孩子学习不用功,注意力没用在学习上,或学习方法不对头,时间花费不少,收效甚微。对此,父母应当针对自己孩子的实际情况对症下药,帮助孩子找准问题,克服困难,树立起信心,努力让孩子达到高效的学习状态。

该不该给上小学的孩子报特长班

在一个学校组织的家长互动活动中，大家的观点发生了碰撞。一位博士毕业的妈妈谈了自己教育孩子的方法：给孩子报了拉丁舞、书法、钢琴、英语、机器人等多个特长班。谈的过程中，这位妈妈一脸的自豪，一个小时的活动，她自己说了 20 分钟。

"我孩子喜欢拉丁舞。那个拉丁舞老师特别严厉，动作做得不标准老师就拿小棍儿打，很多孩子都坚持不下去，我孩子一直坚持。有时候我孩子也给我开玩笑说，妈妈，我们花了钱，是来找揍呀。我就对孩子说，要不我们不练了。孩子说，我还是坚持吧。"

旁边另一个妈妈说："你这样的孩子太难得了。我的孩子小时候学过钢琴，也学过英语，但都没有坚持下来，都是学了一段，就不愿学了。"

博士妈妈说："学什么都有一个瓶颈期，都会碰到困难，我让孩子从小就自己选择，他选择坚持下去。我从孩子身上学到很多，应该说，是孩子让我人格更完善了。孩子钢琴考级的时候，老师让他一天练五个小时，我都觉得很难坚持，但孩子就是坚持下来了。所以，孩子做事情，在精神上不一定输给大人。"

而一个戴眼镜的妈妈说："我孩子从小到大，没有给她报过一门特长班，双休日的时间都用来玩。"

马上就有一位妈妈问："别的孩子都参加特长班、辅导班了，你孩子不参加，在学校里面成绩好吗？"

戴眼镜的妈妈说："很好呀，孩子年年都是三好学生，考试都是九十多分，我觉得孩子成长得很好，我也觉得孩子就应该在玩中长大。"

究竟是给孩子报特长班，还是不报？应该报几门？活动的最后，大家纷纷请教主持互动活动的李老师。

李老师诚恳地说:“我还没有孩子,所以谈不上经验,只是说说看法,供家长们参考。

“我觉得无论孩子是报了很多特长班,还是一门没报,都没有错。因为核心的区别不是参加了多少特长班,而是在学习的过程中孩子自己是否有良好的体验。如果有良好的体验,再多的辅导班、特长班都是好玩的,本身就是玩的过程,学钢琴是玩,学英语也是玩;反过来说,孩子不参加任何特长班,在大自然中玩,在和同学互动中玩,这种玩其实也是一种学习。所以,在孩子成长的早期阶段,没有什么比良好的体验更重要的了,兴趣是玩的另一种说法。

“我们经常说,兴趣是最好的老师,而兴趣又是从哪里来的？兴趣就是来自良好的体验,伴随良好的体验而来的是好奇心的满足、探索欲望的满足、成就感的满足,有了这些满足,自然就会催生兴趣。

“为什么很多孩子对学习没有兴趣,是因为在学习的过程中没有获得良好的体验,只感受到痛苦、烦躁、挫折,自然渐渐就没有兴趣了。所以,孩子报很多特长班,抑或完全不报特长班,不是绝对的,应根据孩子的天性、兴趣、家庭经济情况而定,不可一概而论。做家长的,应该保护的是孩子对未知事物的好奇心、对于未来的自信心、对于自我的肯定。所以,重要的是赏识孩了、尊重孩子,而不是跟风、盲目地给孩子安排各种学习内容。

“在孩子的成长阶段,没有什么比良好的体验更重要的,有了这个标准,特长班报不报,报多少,家长自然就会明了了。”

远离无用的“大奖赛”

在高度重视孩子素质培养的当下，让孩子拥有一两种甚至更多的才艺特长，已经成为许多家庭的选择。

调查发现，一些培训机构抓住家长心理，组织了名目繁多的文体艺术类赛事，凡参加比赛者人人都能获奖，不少孩子拿奖拿到手软，一些家长也乐此不疲，而另一些家长似有难言之隐，还有的家长则大呼上当。

这类大奖赛的泛滥，源于一条已经形成的培训—比赛的“竞赛产业链”。近年来，随着义务教育阶段学校招生不得与竞赛、培训成绩挂钩这一规定的严格落实，“学校招生”这一助推因素已经消失了，但是许多家长在育儿中仍存在严重的攀比、名利等不良心态，从而使各种名目繁多的大奖赛并不愁市场。

很多培训机构的招生“卖点”，就是参加培训后可以获得某大奖赛的奖牌，而这类大奖赛往往就是机构自己组织，以竞赛获奖“抚慰”家长焦虑的心理，也继续用竞赛获奖来招揽生源，从而把家长们辛辛苦苦挣来的银子划拉到自己的囊中。治理泛滥的“大奖赛”，毋庸置疑需要加强监管，规范竞赛，但更重要的是，家长必须理性对待子女的成长。

为规范竞赛，教育部门实施了白名单制度。许多媒体曝光的“大奖赛”并没有进入规范竞赛的白名单，也就是说，这些竞赛是“山寨版”的，并没有什么权威性可言。其实，许多参加竞赛的孩子的家长也清楚地知道这些大奖赛的“山寨”意味很浓，可他们依然心甘情愿地掏钱，争相送子女参加培训与比赛，并在孩子获奖之后，竞相展示孩子参赛的“丰硕战果”。所谓的“难言之隐”就在于此。

可以说，培训机构充分地利用了家长的这种心理。只要家长的这种焦虑、浮躁、攀比的心态存在，不管媒体怎么曝光，社会如何监管，可以肯定的是，还会有家长前赴后继。

有堵也应有疏。建议教育部门投入一些精力,联合相关部门和单位共同来做这件好事:组织正规的文体艺术类等方面的培训,对于已有资质的支持其在保证质量的前提下扩容,同时,进一步规范各类比赛及评级,使其步入健康的轨道。

如何培养孩子的时间观念

时间是一个抽象的概念,它承载着人们的一切;没有时间便什么事情也做不成。作为成年人,一般懂得时间的重要性,但是对于孩子而言,往往还不能直接地感知时间为何物,而令人担忧的是,不少家长面对孩子不能很好地管理和运用时间这一问题束手无策。

在家长座谈会上,很多家长说自己的孩子没有时间观念。一位妈妈介绍说:“我的儿子每晚 9 点以前就是拖拉着,一会儿喝水,一会儿上厕所,要不就去床上躺会儿刷会儿手机,总之,就是磨叽到 9 点多快没精神时再慢慢地写作业。这期间我不停地督促他,他听了也烦躁。我把道理都说尽了,可他还是不改,我们家长更痛苦,不知如何是好,怎样才能让他有时间观念呢?”其实这位妈妈遇到的情况并不少见,问题解决的关键在于培养孩子的时间观念。

1.家长与孩子应共同创造科学的学习氛围

专家指出,在一些孩子做事拖沓的行为当中,首先表现出的问题便是做事没有足够的专注力,容易被周围的事情干扰。所以,家长应该帮助孩子创造一个相对安静的学习空间,并清理书桌上一切与学习无关的物品,包括花哨的文具和与当前学习无关的书籍,让孩子心无旁骛地做事情。并且家长要提前与孩子协商,明确告诉他在学习之前先解决好自己吃喝等生理需求,养成良好的习惯。

具体操作上,家长可以用“细分时间段”的方法帮助孩子。先让他们预估完成某件事情所需要的时间,实践过后再对比实际所用的时间,让孩子有直观感受。一个阶段之后,他们就能够对时间做出相对准确的估计,从而真正拥有时间观,掌握管理和合理运用时间的能力。

同时我们也提醒家长，不要理想化地把孩子的时间安排得满满当当，在注重其学习效率的同时，应当给予孩子一定的空暇时间，允许孩子做点“自己喜欢的事儿”，以放松身心，缓解疲劳，这样才能有效地提高孩子们的学习积极性。

2.培养孩子的时间概念

小学阶段的孩子，其思维状态还处于逐渐从形象思维过渡到抽象思维的过程中，尤其是低年级的孩子，依旧以形象思维为主，对形象直观的事物感知更加准确，面对“时间”这个抽象的概念，他们不敏感。要想让孩子掌握合理运用时间的能力，父母首先得了解孩子成长发育中的这些必然规律，从孩子的小学阶段开始，熟悉孩子在每一个阶段管理时间和对时间认知的特点。

这里讲一个“一分钟到底有多长”的小故事。有研究者让不同年级的小学生估计一分钟的长短，结果一年级的孩子估计平均为11.5秒，三年级的孩子估计为24.8秒，五年级的孩子估计为31.1秒。这个事例表明，小学生对时间的感知是不准确的，且倾向于低估时间的长度。同时，受到思维发展水平的限制，孩子的时间管理能力有限，不能很好地制定出适合自己的完善的计划。在成人的指导下，高年级孩子能较好地规划自己的时间；但低年级的孩子由于时间观念相对较差，不能很好地管理自己的时间，更容易出现高估自己“效率”的现象。所以，家长的督促和引导，在孩子时间管理的过程中，起到了至关重要的作用。

有关专家将时间管理能力划分为时间价值感、时间监控感和时间效能感三个部分。时间价值感反映的是孩子对时间价值的看法。当一个人能清晰地认识到时间的珍贵和价值时，才会珍惜时间。由于小学生尚未形成清晰明了的时间价值感，不能清晰深刻地意识到时间对个人人生发展的意义，他们就难以发自内心地珍惜时间、合理安排时间。在他们的心中，最不缺的就是时间。时间监控感则反映出孩子对于利用和管理时间能力的看法。虽然随着年龄的增长，他们开始懂得对自己的心理活动和行为进行自我监控，但是对于小学生而言，这依旧是一件极具挑战的事情。再就是时间效能感。小学生时间效能感“非正常”地偏高，说明他们对于自己管理时间能力的信心远远超过其实际操作的能力，容易导致行为拖拉。此时，他们的心态还停留在“我可以晚点写作业，我能很快完成”的层面。所以，家长要及时地督促和引导孩子，帮助他们提高管理时间的能力，注重后天训练，有效地提高孩子对时间的敏感性和管理能力，学会做时间的主人。

当然,经验告诉我们,习惯的养成越早,孩子的收益越大。如果父母从一年级着手训练孩子,经过大约三年的培养,孩子便能真正养成有效管理时间的好习惯;反之,孩子的年龄越大,改变越缓慢。

3.培养时间观念的方法

对那些苦恼于孩子无法合理掌握和运用时间的父母而言,能够具体帮助孩子管理好时间,成为他们最为关注的焦点。对此,专家给出了以下四点建议:

一是家长应帮助孩子制定详细的时间表,养成有规律的作息习惯。良好的作息习惯,是建立时间观念的前提。通过时间表,可以详细规定孩子几点起床,洗漱花费多长时间,吃早饭需要多长时间,放学后先做什么,再做什么,几点睡觉等琐事。帮助孩子固定作息时间,养成规律生活的习惯,继而使孩子对时间有明确的认识,改掉磨蹭的坏习惯。专家指出,规定孩子在一定时间内必须完成某些内容的学习,能使他具有紧迫感,有利于孩子集中注意力,提高学习效率。

二是家长要给孩子一定的玩耍时间。一些父母认为孩子作业做得太慢,所以就不断地催促孩子、埋怨孩子,甚至以剥夺其玩耍时间来惩罚孩子。殊不知,不少孩子就是因为父母把自己的时间安排得满满的,自己没有自由支配的时间,才会无望地拖延,并形成恶性循环。因此,爸爸妈妈必须给孩子一定的自由支配的时间,让他们去做自己想做的事,从而逐渐培养出学习兴趣和主动性。只要能够充分调动起孩子的兴趣,如家长所愿的、肯自觉“多学一点”的孩子的出现,将不再是一件难事。

三是家长还应学会潜移默化地影响孩子。对孩子强硬地进行管制和训练,远不如让他们在生活中不知不觉地学习相应的能力更为有效。此时,妈妈们不妨“多唠叨”。比如,早上起床时,妈妈便可以告诉孩子:“现在 7 点钟,我们起床了!”“7:15 分了,我们开饭了!”这样温和地提示时间,既不会让孩子感到来自父母的压力,还能够在潜移默化中让他们自然而然地建立起良好的时间意识和时间观念,继而把行为纳入有效的时间管理之中。

四是与孩子进行充分的商议和约定。家长在帮助孩子培养和树立时间观念的过程中,毋庸置疑,孩子是主要角色,所以家长应当与孩子之间有很好的沟通交流,与孩子共同确定时间安排方案,这样能够有效地避免不必要的亲子冲突。而且在这个习惯养成的过程里,家长要严格管理自己的行为,不要在孩子专注学习的过程中以任何理由打扰他们。此外,也应让孩子学会定期检查自己的时间运用情况,避免时间的浪费。

怎样面对“讨价还价的”的孩子

9 岁的毛毛越来越想掌控自己的生活，比如决定什么时候写作业、什么时候睡觉、交什么样的朋友、玩多久的电子游戏等。于是，爸爸妈妈约毛毛共同召开了一次家庭会议，达成了很多家庭约定，比如，每晚 9 点上床睡觉，周末两天可以玩两个小时电子游戏等。

原以为，双方在公平友好的前提下达成的约定，可以让一家人相安无事，但是挑战很快就来了。一天晚上，妈妈发现快 10 点了，毛毛还躺在床上看书。他看见妈妈进来，赶紧说：“妈妈，我睡不着。”每次不睡觉，他都以睡不着觉为借口，可睡不着也要睡哦！妈妈问他：“你还记得我们的约定吗？”他回答：“记得啊！9 点睡嘛！可是，我觉得 9 点睡太早了，你看我 8 点才写完作业，洗漱一下，啥事都还没干就上床睡觉了。我也需要一点属于自己的时间，做点自己喜欢的事情。妈妈你看，这本书，我一个星期都还没有看完！”

咦？他说的很有道理啊！妈妈顿时没了脾气：“是啊！你确实挺辛苦的，但晚睡对身体伤害很大。你再看 10 分钟就睡，而且下不为例，可以吗？”他愉快地答应了。

然而，妈妈慢慢发现，毛毛做每件事情都使用同一个套路。

为什么围绕约定好的事情，家长与孩子还总是陷入争论呢？为什么总是家长在退让、孩子在进逼呢？爸爸妈妈沟通之后发现了问题，其实毛毛 8 点钟写完作业，洗漱 10 分钟就可以了，还有 50 分钟的读书时间，于时他们决定改变这种状况。

当毛毛又一次玩电子游戏时，妈妈对他说：“如果时间到了，你还在玩，那你有两个选择：一个是不管是否玩完，妈妈直接关掉游戏；另一个是，如果你不同意关掉,那你这次多玩了多长时间,便在下周扣掉相应的时间。你可以自己决定。”刚开始时,他都选择后者,有时,甚至一次把两周的游戏时间都透支掉,妈妈一声不吭。然而,当毛毛发现之后的一周完全没有机会玩游戏时,他走到妈妈面前说:“没想到,你们跟我玩真的!”妈妈毫不含糊地回答:“作为你的亲爹亲妈,我们当然要跟你玩真的!”

妈妈终于明白,家庭之所以一直陷于争论,是因为自己总是让孩子觉得有机可乘,并让他认为一切都是他自己争取来的。而当家长步调一致,坚持会议决定时,孩子反而有了清晰的规则与界限,明白了什么该做,什么不该做。

所以,当孩子出尔反尔,变成“狡辩大王”时,家长或许先要认真反省一下自己。

孩子的心智为何与年龄不符

在现实生活中，时常会出现一些孩子的实际年龄与心智状况不匹配的现象，说白了，就是仿佛孩子的心智成长慢了一些。对此种状况，相关家长非常焦虑。

例如，邻居的一位妈妈反映，女儿 9 岁了，但表现得却不像 9 岁的孩子，和她六七岁的孩子也能玩到一块去，好像心智发展慢了一些。再往深处聊，发现这位妈妈对孩子的要求很高，孩子达不到她的要求，她就忍不住替孩子去做，结果孩子没有了锻炼的机会，做事就更加不尽如人意，形成了恶性循环。

显而易见，问题表现在孩子身上，根源却在家长的错误理念与方法上。爱有时候也需要克制，克制的爱其实是一种更高层次的爱。单纯地去为孩子付出，替孩子做事情是本能，是初级的爱；"父母之爱子，则为之计深远"，为孩子的长远人生负责，这才是更高层级的爱。像上面这位妈妈，对孩子的期待很高，背后也许是一种追求完美的动力，但让人感受更深的是她"总不满意"的心态，结果对孩子的自信心、交际能力等都造成了不良影响。

心智成长的前提是孩子的内心积累足够的经验，见到不同的人，经历不同的事，实现个人新的超越。所以家长应让孩子多去体验生活，让他自己去感受生活，尊重他自己的选择。有了丰富的经历，有了足够的积累，孩子的心智成长便有了足够的"养料"，自然就会实现心智的相应成长。

当然，即便孩子心智确实显小，也不用焦虑，家长只要积极去反思过去教育中的成败得失，积极给予孩子心智成长的"养料"，一段时间之后，自然就可以逐渐赶上来。在这个过程中，最重要的并非用什么具体的方法，而是能够站在更高层次上"爱"孩子，去洞察个人的不足，从原始初级的爱中挣脱出来，在反省、对照中实现家长自身的醒悟与成长。一旦家长在自己的理念与方法上实现了突破，孩子就会随之发生明显的变化。

自卑的孩子大多出自四种家庭

孩子性格的形成，除了先天因素之外，更重要的是一部分来自后天环境的影响，尤其是原生家庭的影响。

每个孩子刚出生时，都是无忧无虑的小天使。孩子自卑的性格绝不是一朝一夕形成的，而是在生活的一点一滴中潜滋暗长出来的。自卑的孩子，大多出自以下四种家庭：

1.经常打击孩子的家庭

有一个说法叫"优秀的自卑者"，这样的人，在别人看来无疑是优秀的、成功的，可是其内心深处却隐藏着一种自卑，经常自我否定。

姜文就是这样的一位"优秀的自卑者"。大家都知道姜文，著名电影导演兼演员，金鸡、百花双料影帝，台湾金马奖最佳导演，家庭幸福，功成名就。在外人看来，算得上"人生赢家"的姜文，在一次访谈节目中却说自己是一个很不自信的人。而这种不自信，跟他的母亲有着莫大关系。姜文说了两件小事：一件是他考上中戏时，兴冲冲地告诉母亲，母亲却随手把通知书往旁边一扔，淡漠地让他去洗衣服。一件是他成名后给母亲买了一套房子，可是母亲却一次都不去住。从小到大，姜文一直努力讨好母亲，希望得到她的认可，可是直到母亲去世，两人都没有机会和解，这也成为姜文一生的遗憾。

打击式教育，就像一枚钉子钉在孩子的心上，随着时间的推移，伤口会慢慢愈合，但是钉子上的锈迹与痕迹却永远存在。如果连亲生父母都看不到自己孩子身上的闪光点，只是一味地打击他、否定他，那么孩子还能从哪里获得自信心呢？

2.过于节俭的家庭

芸芸今年32岁,从来没有正式谈过男朋友,家里都快急疯了。其实,芸芸相了不少次亲,但每次都以失败告终,主要原因就在于她的自卑。

芸芸的妈妈是个非常节俭的女人,芸芸小时候从来没有穿过新衣服,她的衣服不是姐姐穿过的,就是妈妈从亲戚家里淘来的旧衣服。上小学五年级的时候,芸芸被老师选中,要在"六一"儿童节代表全班表演节目,老师还特别叮嘱芸芸,到那天一定要穿得漂漂亮亮的。芸芸回到家里兴奋地将这件事告诉了妈妈,妈妈却说:"就在台上站两分钟,花那钱干啥,穿你姐的裙子就行了!"虽然姐姐的那件裙子款式老旧,领子上还有几处洗不掉的黄斑,但芸芸还是硬着头皮穿去了。芸芸说,她永远也忘不了当时老师看她的眼神,还有同学们的嘲笑。虽然芸芸现在工作赚了钱,可以去买自己喜欢的衣服了,可是她仍旧很不自信,每次去相亲总觉得对方在嘲笑她土,即便碰见自己有好感的,也不敢主动向前迈出一步,因为她总觉得自己配不上对方……

有人说,"穷养孩子",那是让他在童年多吃点苦,培养坚强的毅力和不屈的性格。可是,从小没有对金钱一丁点的支配权,不但容易造成自卑的性格,还有可能因为对金钱的过度渴望,而步入一条错误的人生道路。

3.有暴力倾向的家庭

家庭暴力,不管是夫妻之间的,还是父母对孩子的,一旦经常出现,都会让孩子的人格产生变化。

专家曾做过一项调查,孩子长期生活在家暴中,会形成两种极端的性格:一种孩子会变成施暴者,将自己受到的痛苦发泄到别人身上,从别人恐惧的目光中找到安全感。另一种孩子自己会产生严重的自卑心理,并长期处在恐惧之中,因为有暴力留下的童年阴影,一想到便会不自觉地产生害怕情绪。长大工作后,这类孩子在面对比自己强大的对手时,首先想到的是退缩。在与他人相处时,会因为懦弱、自卑而经常受到欺负却不敢反抗,在工作上也往往没有突出的表现。

4.缺少陪伴的家庭

有个朋友,是一位中学老师,她讲过班里一个孩子的故事。

男孩上初一,性格很孤僻,总是一个人独来独往。有天晚上,医院突然打电话找到这个朋友,说男孩得了急性阑尾炎急需手术,可是医院怎么都联系不到他的父母。朋友急急忙忙跑过去签了字,才将男孩送进手术室。男孩醒过来,看到病床边的老师,忍不住哭了起来。他说,父母很忙,一直在外地做生意,已经有两个月没回家了。他每天回到家,不是泡面就是点外卖,身体不舒服了也没有人知道。也许,自己对父母来说根本不重要吧。朋友听完很心酸,原来这个少年因为缺少了父母的陪伴,才变得如此孤僻自卑。

父母陪伴太少,孩子不但会失去安全感,还会因为没有人及时照顾、安慰与鼓励,而变得胆子很小,时间久了,就会自暴自弃,变得少言寡语乃至非常自卑。

家长总觉得孩子还小,有的是时间去弥补,却哪里想到光阴如梭,孩子的童年一晃即过。等到家长想要拿出些时光陪伴孩子时,蓦然发现,他已经长大了。孩子的性格,需要父母的引导,切莫因为你的忽视,让孩子一辈子生活在自卑的阴影之中。我们都应切记:有爱和陪伴的家庭,才会培育出自信、乐观、向上的孩子。

别过多地干涉孩子

最近,有个孩子调侃说:“有一种爱叫‘妈妈觉得你没吃饱’‘妈妈觉得你冷’‘妈妈觉得你什么都不懂’……”言外之意,是嫌妈妈管他管得太多了。这位妈妈听到以后很生气:“你是我儿子,我关心你爱你,才会为你操心,难道还错了?”儿子却说:“你即便爱我,也不能管这么多!”此话让这位妈妈颇寒心,感觉自己养了一个“白眼狼”,仿佛多年的辛苦白费了,孩子并不领情。

《偷影子的人》一书中写道:“你不能干涉别人的人生,就算是为了对方好。这是他的一生,只有他一个人能决定自己的人生。”书中的小男孩长大后成为医生,他建议最好的朋友吕克也学医。他说:“吕克,你要继承你爸爸的事业,当个面包师整天揉面团,太没有出息了!”他想尽办法说服吕克考取医学院,然后做一名医生。吕克听从了他的建议,背上行囊去千里之外的医学院学习,却学得很痛苦。很多年后,吕克终于弄明白了一件事,那就是自己根本不是当医生的料,自己更擅长的是做美味的蛋糕,而且做蛋糕的过程,让他感到快乐又有成就感。于是,吕克重返故乡,做了一个面包师。男主看到做面包的吕克比学医的吕克更快乐时,方恍然大悟:自己“为了对方好”去干涉人家的人生,到头来不但没有帮到好朋友,还害得他荒废了大好的光阴。

其实,在大家身边往往有那么一些家长,总以“过来人”自居,打着“为你好”的旗号,干涉孩子的生活。比如,劝大龄的女儿赶紧结婚,劝头胎是女儿的孩子赶紧生二胎,劝儿子赶紧给孙子报什么特长班……这种人普遍不招人待见。他们以为这是“为你好”,却不明白,这也是他们被敬而远之的原因。

这是一个需要有界限感的世界,每个人都有自己的生活方式,尊重他人当然包括尊重孩子,这是为人处世的第一原则。

勿在孩子面前论人是非

周末去餐馆吃饭,听到邻桌有个男人在打电话,语气中尽显溜须拍马之意,仿佛是有求于电话那头的人。过了一会儿,男人的头像小鸟啄米似的,不住地点头,连声感谢对方,大约是事情办妥了。可是他刚挂掉电话,就狠狠地对着手机屏幕啐了一口:“死瘸子,给我让几分利都这么‘磨叽’,身残脑也残!”

如此难听的言语,让人不禁有些反感。这时候,男人带的小孩好奇地问:“爸爸,你前几天不是还在冯叔叔面前夸他身残志坚的吗?”

男人毫不犹豫地说:“当着冯叔叔的面,肯定要夸他啊! 我们一家人,私下里说他几句也没什么。不过你记着,到了他面前可不能这么说啊!”面对这么一个有“两张面孔”的父亲,不难想象孩子的内心受到了多大的震动。

父母作为孩子首个亲密相处的对象,担负的责任也就格外重大——不仅仅是养育他长大,还要培养、教育他做好人,走正道。所以,父母会经常教育孩子:你不能撒谎、不能偷东西,你要有礼貌、有教养。在实际生活中,有些父母能够真正做到以身作则,但是也有些父母说的与做的就难以一致。

我的父亲16岁参军,在当兵前,严格的家庭教育与爷爷奶奶的言传身教,使他受益匪浅,爷爷奶奶的有些品性甚至影响了父亲的一生,比如爷爷奶奶在家里以及在孩子面前,绝口不谈他人的是非长短,以致我的父亲也保持着同样的教养。

家长的优秀,并不在于让孩子无忧无虑、永远保持一份童真,而是能够言行一致,身体力行,积极进取,绝不是说一套做一套,这样的父母永远都是孩子最好的榜样。

孩子叛逆家长别“逆”

一天，老张的儿子抱着足球回到家，老张给儿子开门后没好气地说：“你做完作业了吗？天天就知道踢球！”看到老爸这个态度，儿子有点不悦：“我哪儿天天踢了？我这就去做作业还不行吗？”老张立刻火星乱窜：“你这是什么态度啊？有这样跟长辈说话的吗？”

随着儿子逐渐长大，父子俩的关系开始变得拧巴起来，像这种情况时有发生。老张的爱人时不时地出来充当“消防员”。她一直希望找一个一劳永逸的方法。没过多久，机会来了。那天正好是父子俩的生日。老张的爱人准备了一桌丰盛的生日宴，然后夸张地说：“你们俩真是天生有父子缘，居然连生日都是同一天。”父子俩相视而笑。

眼见感情铺垫到位，老张的爱人宣布：“今天，我有一份特殊的礼物，要送给你们这对大小‘寿星’，请跟我来！”她打开电视，连上网线，打开提前做好的一份网络相册。

第一张照片出来了，是儿子刚刚出生时在医院照的。老张双手捧着他，谨慎得像捧着个易碎的瓷娃娃。老张的爱人告诉儿子：“你知道吗？你出生后，你爸爸天天高兴得合不拢嘴。他都不敢抱你，怕把你抱疼了、抱坏了。为这个，医生还说过你爸呢。她说孩子又不是纸糊的，怎么能抱坏呢？”一家人笑了起来。

第二张照片依然是老张抱着儿子。照片上，老张的表情怪异，仔细看会发现，他的左裤腿上有一片湿渍……

照片一张张播放着，父子俩沉浸在对一张张照片的回忆之中，老张的爱人负责补充说明照片背后的故事。那一刻，世间最甜蜜的温情流淌在每个人的心中。

生日晚餐结束之后,借着时光照片烘托起来的良好氛围,老张的爱人向儿子讲述起爸爸对他的种种的好。而对于老张,她则指出应该以柔克刚,不应该以偏概全,逆向地与孩子较真。以逆治逆,只会激化彼此的矛盾,恶化亲子关系。父子俩点头称是。

前不久,儿子没经过父母的同意,居然与同学约着一起去城郊的印刷厂玩了一下午。如果是以前,父子俩又免不了一场唇枪舌剑。但这一次,老张居然平静地说:“去印刷厂参观参观也不错,能知道你们的书本都是怎么来的。但是要注意安全,以后别忘了提前打‘报告’哦!”儿子受宠若惊,连忙点头答应。看到父子两人不再像以前那样剑拔弩张,老张的爱人这个“和事佬”也松了一口气。看来,顺向指导远比逆向教育的效果好啊!

让孩子知道努力学习是他的责任

家长要让孩子知道,努力学习是他的一种责任。人生不同阶段有不同的使命,一个人在学生阶段学习和掌握科学文化知识,为以后的人生奠定基础,就是现阶段最重要的使命。为了这个使命,我们必须要学会付出、学会忍耐、学会放弃,这不仅仅是学习的需要、未来的要求,也是人生的一种必要的修行。因此,家长要让孩子明确两点:

1.学习从来就不是一件轻松的事

综观古今中外,但凡取得一定成就的,都经过了一番艰苦的努力,天下没有掉馅饼的事,每个人只有通过自身的不懈努力、刻苦钻研才有成功的可能。学习也是一样,没有捷径可走。有一些家长以为国外的教育就是快乐的,其实在国外,优秀的学生一样要很努力地学习才能取得好的学习成绩。所以,让孩子快乐成长是正确的,但是学习过程一定是辛苦的,寓教于乐的教育方式,并不意味着孩子课外不需要复习,不需要刻苦付出。

2.努力学习是自己的一种责任

家长在引导孩子学习的过程中,更多的是要让孩子学会辛劳付出,培养积极进取的精神和社会责任感。孩子在上学阶段,其主要任务就是学习,对于这个阶段的孩子而言,努力学习就是他们不容推卸的责任。很难想象,一个人在小时候不努力学习,没有目标与方向,贪图安逸,不思进取,长大后却会在工作过程中变得有能力、肯付出、成大事的。所以,教育既是培养其自主学习的能力,更是培养他们勤奋拼搏的精神和勇于担当的责任感,这也是教育的终极目标。

千万别做毁掉孩子的事

父母们都望子成龙。何谓“成龙”？考上北大清华算不算？在很多人看来当然是算的。可是，北京大学心理健康教育与咨询中心的专家曾做过一个统计，结果显示：北大一年级的新生，包括本科生和研究生，其中有30.4%的学生厌恶学习，或者认为学习没有意义，还有40.4%的学生认为活着没有意义。孩子考上了北大和清华，但他忽然告诉你活着没有意义，那么对他的教育算得上成功吗？恐怕不能！所以，现在很难说上个好学校就是成功了。成功没有标准和唯一答案。概括来讲，成功就是让孩子健康、高效地学习，帮助孩子认识自己，发现自己，成为正能量满满的自己。

1.很多家长正在亲手毁掉孩子

父母没有不爱自己的孩子的，都是一心想让孩子成功成才，但许多家长却正在做亲手毁掉孩子的事。这怎么可能？的确，从主观上说，没有一个家长愿意做毁掉自己孩子的事情，但事实上，不少家长正在不知不觉地这样做着。哪些是“毁掉孩子”的事呢？亲手毁掉孩子的做法至少有以下7种表现：一是让孩子感觉自己什么都不行，没人欣赏他。二是经常拿孩子和比他行的孩子比较。三是把自己塑造成家庭牺牲者的角色，整天说自己为了孩子为了家庭做出了多少牺牲等等，使孩子产生罪恶感。四是使用命令口气，大声讽刺挖苦孩子。五是孩子没有自由，所有的事情都由父母决定。六是控制不住自己的情绪，动辄迁怒于孩子，甚至动手打骂孩子。七是当着外人（如孩子的同学、邻居、朋友等）批评甚至谩骂孩子。

一些家长就这样在“毁”人不倦，从而导致一些孩子彻底感觉自己不是人，彻底失去自信与尊严。所以,家长们应当从中醒悟,认识到自己在教育孩子中所犯的“大错”。

2.教育就是“拼爹”

有人感慨,当今的父母是最不容易的,对孩子的教育简直就是“拼爹”！其实,从某个角度上讲,此话一点也不假。只是教育语境下的“拼爹”,不是权力、金钱、资源的世袭,而是比拼父母的观念以及生活方式、教养方式、思维方式、处世方式。

教育即生活,生活即教育。父母在过什么样的生活,就是在给予孩子什么样的教育。所以,父母有什么样的观念和生活方式,对孩子的成长影响很大。

今天你给孩子什么样的教育,明天孩子就成为这种教育培养出来的人,带着父母的气息,烙着家庭的印记。对父母来说,如果你希望孩子成为“别人家的孩子”,你就得先成为“别人家的父母”。

3.决定孩子成绩的不是智商而是“家庭”

如今的父母都极其重视孩子的学习成绩,为了孩子能够学习好,考出好成绩,家长们可谓煞费苦心。

那么,是什么决定着孩子的成绩呢?显然不是智商,不是刻苦程度,而是家庭。我国专业机构的调查显示,善于听取孩子意见、父母经常读书看报、全家经常共进晚餐以及父母情绪正向、积极的家庭中的孩子成绩更优。家庭里面是否具有正能量,对于孩子的健康成长至关重要。

父母的情绪取向越正向,子女优秀成绩的比例越高。也就是说,父母的情绪是积极向上还是消极萎靡会投射和传染给子女,尤其是对较为敏感的孩子来说,如果父母情绪不一样,他们的心理调适就比较困难,久而久之就会给他们造成巨大的心理压力,并影响他们的学习效果。

有一个孩子不学习,老师问他为什么不学,孩子的回答竟然是:让你少拿奖金。孩子的这种心理从哪里来的?有可能是父母或他人在孩子面前谈论过这样的话题,给孩子输入了错误的观念。

我们的社会不尽完美,有不少丑陋和阴暗的地方,但是也有而且更多的是光明和美好的东西,当孩子还比较小,对社会还不是特别了解的时候,当父母的首先自己不要一味地抱怨,让孩子不至于对社会产生恐惧。待孩子慢慢长大,父母再逐渐与孩子交流这些话题。

4.学会接纳、认可和欣赏孩子

孩子的安全感、自尊心、自信心来自父母的认可和欣赏,哪怕天下所有的人都不看好你的孩子,你也要满怀热情地拥他入怀,告诉他你永远爱他、支持他,不管发生什么事,都要帮着孩子一起去处理,并让孩子感受到父母内心真正的欣赏和爱。

有这样一个故事:老师给一位妈妈说她上幼儿园的儿子有多动症,建议带他去医院看看,但妈妈却忍住泪告诉儿子:老师今天表扬你了,说以前你一分钟都坐不住,现在能坐三分钟了,全班只有你有进步。这一天晚上,孩子破天荒地吃了两碗饭,而且没有要妈妈喂。后来,老师还是不断地给妈妈说这个孩子的不好,而妈妈也在不断地告诉儿子,你比以前有进步了……就这样,孩子越来越有信心,变得越来越好。

可以设想,如果这个妈妈不是这样做的,孩子会变成什么样子?所以家长们应当注意,与老师谈自己孩子的时候,即使孩子有缺点你也只需做到心中有数,重要的是在引导孩子改正的同时,注意妥善、科学地保护孩子。

孩子都是天生有学习力的,它是不需要特别去培养的,只要你不加毁坏就可以。不要毁了孩子的自尊心、自信心,不要让孩子有太多的恐惧和不安全感。否则,你就不是一个好爸爸或者好妈妈。

不妨改变语气管孩子

如何让孩子心平气和地接受你的建议？英国研究人员认为，家长们不妨多采用鼓励性的语气。

加的夫大学研究人员把1000名14～15岁的学生随机分为两组，让他们听30段指令。这些指令由其母亲口头发出，内容均涉及学校学习，例如“今晚读一下这本书”“现在该上学了”等等。只不过发出同样内容的指令时使用的语气不同，分为控制性、鼓励性和中性三种。其中，控制性语气包含强迫或试图强迫听者行动的意味，鼓励性语气则传达出鼓励、支持听者做选择和自我表达的信息。

研究人员让每名学生听到指令后填写问卷，询问他们如果从自己母亲那里听到同样语气的指令会作何感想。结果显示，同样内容的话，语气不同，对青少年情绪和行为反应的影响大不相同。母亲如果使用控制性语气，更容易引发孩子的逆反，而使用鼓励性语气则更容易获得孩子的积极回应。

实验证明，青少年自我意识和独立意识日益增强，家长们想要达到教育目的，就必须多使用鼓励性语气。当然，这同样适用于学校的教师，因为这样做可能会使青少年普遍感受到更多的关爱，变得更加开心，从而学习更加努力。

孩子的钱来路不明怎么办

一位妈妈为儿子整理房间时发现褥子下面有60多元人民币和70元港币，当时就懵了，不知道孩子从哪里来的钱。她问儿子，儿子说是卖废品攒的。她反问儿子，卖废品怎么会有港币。儿子不能自圆其说，转而说是一个同学送给他的。妈妈立马找到那个同学询问，他的同学说压根就没有给过他钱。看来，孩子又说谎了。后来，他说实话了，是他同桌给他的。他和这个同桌小学就是一个班的同学，上初中后仍在一个班，现在还是同桌。妈妈问，同桌为什么给你钱啊？儿子说：同桌嫌他上课的时候捣乱，影响学习，于是说只要你不影响我学习，我就给你奖励，就给了70元港币。后来这位妈妈做了确认。而事后儿子却对妈妈一再询问钱的来历表示十分反感。

妈妈本来想打电话找老师谈一谈，后来与丈夫一商量，决定还是找一位教育孩子比较有经验的亲戚咨询。那位亲戚说，你给我打电话，可能希望得到解决这个问题的办法。我给你的方法，只能是我认为正确的方法，你们听了之后，建议你们根据情况自己决定。

首先，根据你的了解，这个钱不是偷来的、抢来的，虽然这个钱来得不是很光彩，但是它的所有权的确是孩子的。孩子上初二，正是青春期，青春期正是独立人格发展的关键时期，对于自我概念的敏感期，偷着藏起来的钱被发现，本身就是一个让他很恐惧的事情，所以当被质问的时候，其内心很害怕，就会撒谎、遮掩，一旦被确认属实，又会产生逆反。至于孩子反感，未必是坏事，跳出情绪来看，至少说明在家庭里面他有表达自己情绪的机会，也说明家长与孩子的关系确实进入了一个互相博弈的时期，所以，事情的关键还不是钱本身的问题，而是如何看待家长与孩子的关系互动上。

如果把这个事情当作一个让孩子独立面对和处理事情的机会,是一种处理方式;如果把它当作事关孩子品行问题的事件,就是另外一种处理问题的方式了。亲戚认为钱搜出来询问来源的时候,妈妈使用了质问的方式,是不对的。在质问的过程中,因为怀疑而产生的不信任会让孩子撒谎,而这也不是孩子第一次撒谎,可以看出他已经习惯性地这么回答问题,说明孩子在过去成长的过程中还是缺少安全感。所以建议将这个钱还给孩子,在正式地表达出没收他的钱不对的意思后,明确说出父母的观点:这样拿同学的钱是不对的,至于怎么办,还不还给同学,决定权留给孩子,这正好可给孩子一个学习独立面对问题、解决问题的机会。

很多家长担心孩子做错事会影响孩子的思想品质,所以发生问题的时候特别容易着急。其实这是没有必要的。与青春期的孩子互动有个原则,就是把决定权给孩子,一旦父母懂得妥协,懂得尊重,让孩子感受到安全的时候,孩子就会变得愿意配合,甚至会主动咨询父母的意见。如果父母代替他做决定,孩子就会走向反面,这大概就是“叛逆”的来源。在教育孩子的过程中,家长不妨以退为进,尊重孩子的权利,才能让孩子尊重父母的意见。

勿让孩子在谎言中成长

电视剧《康熙王朝》里有这么一段：顺治皇帝因为心爱的鄂贵妃去世，于是看破红尘，无心皇位，想要出家当和尚。孝庄太后给了顺治一碗毒药。恰好年幼的康熙看到了这一幕，急忙跑进去打碎了药碗。

事情发生之后，孝庄太后把康熙拉进屋里："祖母问你，你在奉先殿里都看见了什么？"年幼的康熙诚惶诚恐："孙儿什么都没看见。"孝庄对这一应答表示满意，告诉孙儿，以后对外口径也应该是"什么都没看到"。随后，孝庄又追问了一次："祖母再问你一次，你看见了什么？"这一次康熙没有撒谎："孙儿禀报祖母，什么都看见了，也什么都听到了。""什么都没看见"，是为了安定朝中的大臣；"什么都看见了"，是孙子对于祖母的坦诚。只是孝庄并没有就此罢休，依然把话题引向深入："那你说是皇阿玛对，还是皇祖母对呢？"康熙此时毕竟是个孩子，还不知道应该如何作答。站在一旁的母亲有些不忍，劝道孩子年纪尚小，就不要再逼他了。孝庄却回答："这怎么叫逼他呢？奉先殿里的事，要是弄不清楚，就像一把刀子扎在他心里。如果不拔出来，会让他难受一辈子，就永远是一个谜，永远迈不过这道门槛儿。"康熙迟疑了一会儿，跪在地上说出了自己的看法："孙儿敬爱皇阿玛，但是孙儿觉得皇阿玛不该去当和尚。"孝庄继续追问："皇祖母真的想叫你皇阿玛死吗？"康熙大声回答："不，皇祖母是想救皇阿玛，不会让皇阿玛死的。"听了孙儿了解自己的苦心，孝庄这才放下心来。

虽然这个例子只是电视剧中的片段，有演绎的成分，但是艺术源于生活，高于生活，在现实生活中，对于孩子而言，如果事情当时不说明白、不解释清楚，就会产生芥蒂，慢慢演变为与家长的隔阂。

1.“你还小，你不懂”

“你还小，你不懂”，“大人说话，小孩子听着就行了”……家长们可以回想一下，你是否对孩子说过这样的话。很多家长解决问题的方式往往如此：先连哄带骗，如若不行便物质补偿，再不行就对孩子暴力压制。

有一个电影，曾获得较高的评价。电影中女孩的父母离婚了，各自有了新的家庭，她于是从小便跟爷爷奶奶一起生活。

为了弥补自己的愧疚，爸爸送给她一只小狗，她很开心，还给它取名为“爱因斯坦”。有一天，爷爷忘记关门，“爱因斯坦”走丢了。女孩发疯似的满街寻找。为了找狗，爷爷的脚受了伤，奶奶差点出车祸。

后来，后妈想到办法：“买一只和‘爱因斯坦’长得很像的狗，骗孩子说狗找到了。”起初孩子不相信，大人们一个眼色，便彼此达成了默契：“可能是在外面弄脏了，洗个澡就好了。”孩子还是不相信，爸爸一气之下便打了她：“狗重要还是爷爷奶奶重要？”最后，孩子强颜欢笑，认下了这只小狗。这只是他们家日常生活中的一个片段。可想而知，当她遇到问题时，她的家长一定不会对她坦诚相待，而是尽量遮掩，将事情蒙混过关。

她的家长不爱她吗？很爱。父亲打了她之后，尝试与她和解，让女儿坐在自己的身边，说：“打你，是因为爱你。”一家人为了让她开心，费尽心思，可惜他们用错了方式。其实，爷爷的一个道歉、后妈的一句真话、爸爸的一个解释，就可以抚慰她的内心，让她了解亲人的苦衷。但是她的家长们，为什么没有这么做呢？因为她的家长们不相信以她的年龄可以理解家长们的困境。

2.能把问题交给“时间”吗？

童年时留下的那些“未解之谜”，幸运的人能走出来；不那么幸运的人随着时间的推移，把过往的经历熬成更深的创伤。有个叫小凡的孩子，他的父母常年在外地工作，小凡一直跟着奶奶生活。他的父母说，他们很想陪在孩子身边，但更想让一家人过上更好的生活。他们觉得，等小凡长大后，就会明白父母的苦心了。但是有一次，小凡在学校犯了错，借着做检讨的机会，发泄出了对父亲的“怨恨”：“我对不起您这么多年，把我一个人留在老家；我对不起您几乎不教育我，最后养出我这么一个混蛋儿子；我对不起您这么多年，心里从来没有我，只有工作！”这份隐藏过深的父爱，被当成了“不爱”。

心理学专家发现，大部分心理疾病患者的病根，都来自儿时的那些误解和伤害。在时间的长河里，那些家长以为“孩子长大后就懂了”“孩子长大后就忘记了”的事情，或许事件本身确实早已经模糊不清，可那些被忽视、被敷衍、被欺骗的情绪，早就深深地刻在了当事人的心底。所以，不是时间治愈了一切，而是后来发生的各种事把它掩盖了。就像雪一样，一层盖一层，然而东西依旧存在。

显然，孩子们成长过程中遇到的问题，不能全部交由时间去解决。

3.及时沟通，才是良药

真正能治愈人的，不是时间，而是家长的信任和沟通。就像孝庄对康熙，倘若当时的孝庄只是用长辈的威严逼迫他“什么都没看到”，那碗顺治没有喝下的毒药，或许就成为伴随康熙一生的阴影。所以，对孩子“好好说话”，“说实话”，是每个家长应遵循的基本原则。那么，家长应当怎样做呢？

首先，家长应做到及时反馈。心理学上有一个概念叫作“镜映”。当孩子无法辨别、描述自己的感受时，家长就像一面“镜子”：通过家长的反馈，他们才可以理解自己的情绪，建立自己的感受。

其次，家长应争取有效沟通。很多时候，家长在和孩子沟通时，也无意间将孩子作了情绪的垃圾桶。“为什么别人都好好的，就你不行？”“你怎么这么笨？”带着负面情绪的指责，非但不能促进亲子间的沟通，无法传递正确的信息，甚至还会加深两代人之间的隔阂。

再次，家长应重塑信任。心理学家认为，那些经常被家长哄骗的孩子，更喜欢撒谎，因为他们会本能地模仿家长的行为。很多时候，家长以为可以通过“善意的谎言”达到安慰的目的：小到哄骗“打针一点不疼”，大到离异夫妻在孩子面前假装恩爱。但是他们忘记了，谎言总有被戳穿的一天，到时对孩子们伤害可能更深。所以，家长要重新获得孩子的信任，就要真挚、坦诚地面对孩子，与孩子心碰心地交流，同时密切亲子关系，久而久之，就会赢得孩子宝贵的信任。

在家长和孩子的沟通中，只需要坚持一个原则就不会出现大的差错：无论孩子有多大，尽量把孩子当成一个有独立人格的成人来对待，不能因为他是个孩子，就可以隐瞒、哄骗。这样做不仅不能保护孩子，反而会伤害孩子。总而言之，好的家庭教育并不是营造一个完美的家庭环境，而是呈现一个真实的、彼此坦诚的家庭氛围，在这样的环境下孩子成长才有安全感，才容易做真实的自己，进而得到身心的健康发展。

用小故事帮儿子树立自信心

孩子在院子里踢球时，一不小心，右腿受了伤，走路一瘸一拐的。怕同学嘲笑，简单地治疗后他干脆在家休养。时间过去了一周，妈妈带他去复诊，医生说："嗯，恢复得不错，可以去上学了。"孩子听了却闷闷不乐，依旧赖在家里，死活也不肯去上学。

于是妈妈给他讲了一个故事：有一个种苹果的人，他的苹果色泽红润，美味可口，每年都供不应求。但有一年，一场突如其来的冰雹把即将采摘的苹果砸出了许多伤口，形成了许多疤痕，这无疑是一场毁灭性的灾难，眼看苹果无法销出。不仅如此，如不按期交货还要按合同一一赔款。然而，乐观的果农却打出了这样一则广告：

> 亲爱的顾客，你们注意到了吗？在我们苹果的脸上有一道道疤痕，这是上帝馈赠给我们高原苹果的吻痕——高原常有冰雹，高原苹果才有美丽的吻痕。味美香甜是我们独特的风味，那么请记住我们的正宗商标——伤疤！

让苹果说话，这则妙不可言的广告，再一次使果农的苹果供不应求。

孩子听了脸上漾起了一抹微笑，说："真是一个聪明的果农！"孩子妈妈说："他不仅聪明，而且还很自信。他可以让有疤痕的苹果成为一种特色。"

孩子沉思了一会儿，然后重重地点了点头，说："我明白了，一个人只要对自己有信心，就什么都不用在乎。"

第二天，孩子信心满满地出现在校园里，虽然依旧是一瘸一拐。

用体育活动提升亲子关系

在杭州工作的一对台湾夫妇杰克和温迪，决定把杭州作为自己退休后的安养之地，他们希望退休后能够为社会做点什么。

热爱运动，特别是喜爱棒球的杰克想到一个现象，那就是在一些家庭里面，父子之间的关系似乎不是特别融洽。这一点也引起长期做教育工作的温迪的共鸣，她说："父亲们大多忙着事业打拼，业余时间也多用来应酬，教育孩子几乎完全成了妈妈的事情，结果父亲不仅在家庭教育上缺位，在亲子关系上也因为缺乏与孩子沟通的渠道而变得非常糟糕。"杰克联想到自己与儿子因为都热爱棒球，直到孩子成年，父子之间依然有聊不完的话题。他们都认为：运动是父子之间最好的沟通桥梁。因此，他们决定在良渚文化村创办一支纯公益的亲子棒球队，希望用自己的一点力量去帮助更多的邻居建立良好的家庭亲子关系。

杰克和儿子先是在良渚文化村一条小河边的草地上演示棒球，吸引了不少人的关注。杰克规定，亲子棒球活动的核心，是父亲教孩子打棒球，父亲参与是前提。所以，亲子棒球活动的方式是周末某一天的上午，杰克和儿子教父亲们打棒球，下午再由父亲们教孩子们打棒球。

参加亲子棒球活动的孩子，基本上是在小学年龄阶段，他们的父亲大多已经人到中年，35～40 岁为主，年纪大的父亲已经将近 50 岁。这些父亲往往离开运动场已久，大腹便便，体力也跟不上，但是为了做好孩子的榜样，他们必须按时来到训练场。

杰克回忆，亲子棒球活动持续了近 5 年，其间有不少家庭在参加了几次活动之后就退出了，因为有的时候要求一位父亲做到坚持训练，比要求孩子要难得多。但也有很多父亲即便前一天晚上工作加班到深夜，也要保证第二天按时出现在训练场上,“父亲的责任”,就是最强大的精神力量。

一位父亲说,他和自己的父亲之间就因为缺少共同话题,如今几乎无话可说。他与孩子之间也曾有过这个苗头,但在参加亲子棒球活动的这三年里,他与儿子的关系回归到了亲密状态。

一位参加亲子棒球活动的母亲表示,因为有了棒球这个纽带,自己的爱人与孩子的关系更加融洽了,家庭责任感更强了,对孩子的教育也更加关注了。这位母亲说,和谐的家庭关系,真的需要一个纽带与桥梁,只是我们以前没有意识到,自然也就理解不了为什么有人说“体育就是最好的家庭关系纽带”。

如何对待犯了错的孩子

一位父亲带着两个女儿逛超市，淘气的小女儿故意打掉姐姐手里的东西。

爸爸坚定地让小女儿给姐姐道歉，小女儿执意不肯，爸爸态度坚决，一定要道歉。

无计可施的小女儿索性躺在地上耍赖，并不断为自己开脱："我不是故意的！"爸爸坚持说："不管你是否故意的都要道歉！"

一旁的姐姐想打破僵局，息事宁人地说："算了，不用她道歉了。"小女儿赶紧给自己找台阶下："她都说不用道歉了。"但爸爸坚持己见："不管姐姐要不要这个道歉，你必须道歉。"

父女的行为引起了围观，有人看不下去，鼓动爸爸去"教训"小女儿。当然，爸爸没有采用，只是再次表明自己态度，"必须说对不起"。

最后，在爸爸的坚持下，小女儿终于说出了"对不起"。

在爸爸看来，犯了错误，就要向人道歉，这是原则问题，容不得半点商量，不管孩子撒泼打滚，还是有人说情，或是有人挑唆，都必须坚持自己的原则。

最近，朋友圈的一则新闻引起大家的广泛热议。

一个身高 1.4 米、上四年级的小学生从背后猛推已经怀孕 4 个月的孕妇，险些造成孕妇流产。

更让人气愤的是，当问及原因时，孩子却满不在乎地说："我看电视上孕妇摔了会流产，我只是想看看她摔倒会不会流产。"

简直难以置信，一个四年级的孩子竟然做出如此疯狂的举动，说出如此冷漠的话。但再听听孩子奶奶的反应："他还是一个孩子，你和孩子计较什么呢？"大家立马醒悟"熊孩子"是如何养成的了。

一句“他还是个孩子”，不知毁了多少孩子，父母应当从小告诉孩子是非对错，有哪些事情能做、哪些不能做，这些关系到做人的原则与底线。

爱孩子，是父母的本能；坚持自己的原则，给孩子立规矩，设规则，让他成长为一个品德高尚的人，是为人父母的责任。无条件地爱着孩子的父母，一定要坚持自己的原则，这样孩子将来才能守规矩，走正道。

最好的家庭教育是唤醒孩子的内在动力

现在一些孩子抱怨学习时间过长，学习过程艰辛，原因就在于他们为学习做出的所有努力都源于家长的要求，属于外部动力而非内部动力。

俗话说："兴趣是最好的老师。"再延伸一下，热爱是更好的老师。显而易见，在家庭生活中怎么使孩子萌生、发展学习的兴趣，进而升华为热爱，既来自孩子的自身醒悟，更来自家长的正确启迪。

孩子的学习过程靠动力驱动，这个动力就是学习兴趣与动机。很多智力上没有问题的孩子，却学习效率低下，无法取得好成绩，症结便在于学习兴趣与动机出了问题。初始阶段，孩子的学习动机大部分来自外部。随着孩子年龄的增长，注意力、记忆力、思维力、想象力都会随之提高，只有学习动机在下降。如果家长引导得当，孩子的学习动机就会开始从外部向内部转化。

孩子希望得到老师的表扬、父母的认同、同伴的赞许，这都属于外部动机。对学习本身感兴趣，热爱学习，则属于内部动机。对于幼小的孩子来说，内部动机相对较少，需要家长的不断激发与培养。随着孩子的成长，其身边否定性的评价增多，学习动机开始不自觉地下降，但另一方面这种否定情绪也更能促使孩子深入自己的内心，全面地认识自己，从过往盲目的自信中变得清醒。

家长在启发、培养、激发孩子学习兴趣与动机时，不妨试一试以下的办法：首先，可以通过奖励和合适的评价调动孩子学习的外部动机，慢慢诱发孩子内在的学习兴趣，继而形成"我要学"的观念，让外在动机转化和发展为内在动机。其次，应重视反馈并给予孩子及时具体的评价，表扬赞美不能笼统，需要描述过程不带评价成分。再次，给孩子制定"跳一跳，够得着"的学习目标，平静地表达自己对孩子的期望。

同时，当孩子遭受失败时，应陪伴其准确、客观地分析原因，并尽量将失败归因到可控因素，使孩子保持良好的学习兴趣与动机。美国心理学家维纳认为，导致孩子成绩不佳的原因可分为可控因素和不可控因素，如自身的努力为可控因素，因糟糕的天气导致的不良情绪为不可控因素。父母应当尽量引导孩子将学习成绩不佳的原因归为内部可控因素，否则易使孩子推卸责任，失去信心，不利于其成长。

家长最好的教育就是根据孩子的年龄发展的特点，唤醒其“心理内力”，端正、提升其学习动机，培养、激发学习兴趣，只有这样，方能赋予他一生用之不竭的巨大力量，这也是父母给予孩子最好的礼物！

适时放手让孩子自己走

随着孩子年龄的增长，家长也需要及时调整心态，对孩子适时放手给予一定的成长与发展空间，此时家长过多地包办代替，甚至“严控”孩子，会影响其发展。所以在孩子成长的过程中，家长不要“超限”“越界”。强烈的父母之爱不是对孩子恒久的占有，而是一种得体的退出。父母的首要任务是和孩子亲密互动，呵护他的成长；第二个任务是和孩子分离，促进其独立。所谓“分离”，并不是慢慢放弃对孩子的关爱，而是慢慢调整关爱孩子的方式。父母如果固执地霸占孩子的生命空间，孩子的世界只能会变得狭小甚至残缺。与其说这是爱孩子，不如说是爱对孩子的全面把控。这种把控仅仅能给家长带来成就感和强大感，让家长对自我满意，而对于孩子的成长与发展则往往是害大于利。

不少父母在孩子年幼的时候忙于事业没有时间陪伴孩子，双方缺少心灵和精神上的沟通与共鸣，与孩子建立的亲子关系不堪一击；待孩子长大之后，有了一定时间的他们又开始处处干预孩子的生活，这显然是违背自然规律的事情，其效果肯定是可以预见的。其实，真正的父母之爱意味着角色的调整；而检验家长是否有爱孩子的能力，也应当看他是否坦然接受分离，并在分离之后继续以适合的方式方法爱着孩子。

有位作家说过这样一句话：在这个世界上，所有的爱都是以聚合为最终目的，只有一种爱是为了分离，那就是父母对孩子的爱。这句话充满丰富哲理与智慧。父母真正成功的爱，不是把孩子留在身边，而是培养、引导孩子独立，放手让他走出去，走出自己的人生精彩。

孩子不听家长的教育怎么办

在一次家长座谈会上，一位妈妈反映：她的儿子现在上初二了，孩子爸爸经常出差，所以儿子基本上是她一个人照顾。孩子的一些行为习惯不太好，她也在不断给儿子纠正，可儿子上了初中后不大听她的话了，似乎还非常厌烦，怎么办呢？

其实，这位妈妈的疑问也正是一些家长需要思考的地方：为什么如此深厚的关爱之情，却时常得不到孩子的良好回应呢？

分析原因可能有以下三个方面：其一，孩子正处于青春期，而青春期的孩了的一些生理发育、心理变化都会导致他们出现一些对抗父母的言语或行为，以此证明自己的长大和独立；其二，家长过多地关注对孩子教导，让孩子感觉你对他缺乏足够的信任，导致他心理上的不满；其三，再好的教育都必须建立在良好关系的基础上，才可能发挥教育作用。家长如果忽视了良好亲子关系的建立，会让孩子感觉难以得到你的理解与尊重，而这个问题也是孩子逆反的一个重要原因。

家长熟知“亲其师，信其道”(《礼记・学记》)的真谛，在家庭内部也是如此。有了良好的亲子关系，孩子对父母的一些引导才会很好地接纳，在这个基础上的教育才会有意义。若亲子关系比较糟糕，却反而可能出现越是貌似良好的引导越导致孩子朝不好方向发展的异常情况。

良好的亲子关系是一种相对自由、和谐、彼此尊重的关系。家长不把自己的意志强加给孩子，不“硬灌”做人的道理，那么孩子就会在心里感受到父母是尊重自己、接纳自己的，那么孩子就会更加愿意接受父母的一些成长建议。

若对孩子的引导放到如何去融洽亲子关系上，那对孩子的教育引导可能会变得更为轻松一些。建立良好的亲子关系,建议从以下三个方面去尝试:首先,家长要了解青春期孩子的一些心理特点,要去系统地学习。其次,学会倾听。与孩子相处,往往不是家长说的道理少了,而恰恰是说得太多了,甚至多到孩子已经厌烦的程度。如果家长在家里更多地去扮演倾听者的角色,让孩子把他想说的话说完、说清楚,家长不急于评判和指责,那么,孩子就会更愿意去说,家长也就能够更好地了解孩子的内心活动。再次,让孩子自己学着解决问题。一些家长担心孩子不会处理问题,或者习惯性地评判孩子处理问题的方式不对,于是就出现了太多的"纠正",让孩子感觉"我怎么做都是不对的"。其实,要引导孩子健康成长,家长就应当适当放手,让孩子更多地处理问题,让孩子在处理问题的舞台上做主角,而家长自己则仅仅是配角或参谋,这样不是更好吗?

怎样引导孩子与闹别扭的同学相处

表姐的女儿正在读初中二年级。一天，她回来跟妈妈说：她的一个同学，以前在一起玩得挺好时就经常说她的坏话，而现在又无中生有地说了更多她的坏话。她很想找个人“教训”那个同学一顿，因为实在不知道怎么和这样的人相处。还有，她现在的学习也力不从心，想要留级再从初二开始读。

表姐分析后认为女儿现在选择留级可能更多的是一种逃避，认为既可以逃避那个闹心的同学，又可以延后承受初三的那种紧张的学习生活。于是就对女儿说：

> 我能够理解你的困扰，因为那可能是一件比搞好自己的学习更麻烦的事情。要想学习提上去，只需要自己的努力和坚持即可，而要和另一个人相处好，除了你的用心，还要看对方的回应。其实，在这个世界上，矛盾到处都有，采取逃避的办法是一种消极的办法。你也知道想‘教训’对方一顿不是什么好的选择，还可能会给自己带来很多麻烦。而怎么与她搞好关系，似乎也不是这个阶段非得去做的。我有三点建议：
>
> 一是敬而远之，淡然处之。她经常说你坏话，那可能是因为你在她的生活中很重要，她关注你。如果你可以将她放在你心中很不重要的位置，淡然处之，那你本身就已经胜过了她，也从她的“关注”中解脱了出来。
>
> 二是用积极的思维和心态面对她。不管什么事情，当自己一直是以消极的心态去看待时，那什么都是消极的，自己的心情也会变得比较糟糕。倘若个人能够将她对你的这份“念念不忘”当成是“不是冤家不聚头”的话，也许不久之后你们还会成为要好的朋友。也许多年之后再谈起初中的这些事情，会是满满的有意思的回忆。
>
> 三是用积极的学习态度转移自己的注意力。这将会是一件一举多得的事情。当专注于提高自己时，你就会发现其他许多琐事都会变得云淡风轻。

孩子总爱吹毛求疵怎么办

有位上初一的女孩总喜欢贬低别人,喜欢对同学、老师评头论足、吹毛求疵。她妈妈经常教育她要宽容大度,可是孩子好像未能听进去。

孩子到了青春期,自我意识会日益增强,特别希望别人能接受或肯定她,非常在乎别人的评价。表现在上面这位女孩身上,就是她不断地评价别人,指责他人,也许她正是用这种方式来获得对自己的认同。

孩子怎么就变得如此吹毛求疵了呢?多梦西·诺特曾说:"生活在批评、指责中的孩子,吹毛求疵、尖酸刻薄;生活在敌意、愤怒中的孩子,性格暴躁、争斗不合;生活在嘲笑、奚落中的孩子,缩头缩脚、自卑怯懦;生活在耻辱、羞愧中的孩子,没有自尊、罪恶感深。"

也许上面这位女孩就是在批评指责中长大的,她长期得不到他人的积极关注,于是喜欢通过这种方式获得心理上的优越感。做家长的应该积极反思,可以尝试着从以下三个方面去帮助她:

一是接纳孩子不良情绪的表达。孩子内心有烦躁情绪,家长绝不可简单地去批评、指责,而是应当用足够的耐心去倾听安抚,鼓励孩子能够主动地把这些闷在心里的坏情绪垃圾倾倒出来,这也有利于她的身心健康。

二是多听孩子的解决办法。当孩子诉说学校里发生的事情时,她是想寻求帮助,如果妈妈沿袭了之前的模式,批评、指责,无益于事情的解决。家长可以在孩子诉说时及时地回应孩子:"妈妈理解你内心的感受,你有什么方法可以去改善这些问题吗?"并对孩子提出的解决方法进行分析、讨论,肯定和支持其正确的意见,这往往比家长简单的说教有效得多。

三是从点点滴滴中肯定和鼓励孩子。一个孩子如果在成长中不断得到他人的肯定和鼓励，那么他人的这种积极认同就会让孩子更加认同自己，孩子会更自信、更有尊严感，也就无须通过批评、指责等打压别人的方式来满足自己脆弱的自尊心。家长是孩子生命中至为重要的一员，家长的评价会直接影响到孩子的自我评价和对他人的评价。所以，家长至少要做到自己先去认同孩子，睁大眼睛去发现孩子的优点和良好行为，每天告诉孩子一个优点和一点进步，及时地肯定孩子的良好行为，让孩子从家长的一言一行中感受到发自内心的赞赏与评价。

这可能需要一个比较漫长的过程，在此提醒各位家长，沉下心，别着急，请给孩子时间，也给自己时间！

孩子偷拿家里的钱怎么办

有位家长很气恼,因为她发现9岁的儿子最近又偷拿家里的钱去买东西。对于孩子花钱的事情,她已经与孩子谈过很多次了,需要什么东西可以跟家长说,可是孩子就是不改,非得自己偷拿钱,而且还死不承认。

对于类似问题,首先,家长要冷静,不要急于上纲上线,把这种行为提到思想品德的高度。孩子9岁了,周围可能有不少小伙伴手头都有一些零花钱了,他渴望有零花钱供自己支配也是很正常的。作为家长,需要了解孩子的这种心理需要。上面这位家长要求孩子需要买什么东西给家长说而由家长去代买,这本身没什么问题,但是如果出现了几次孩子提了买东西的需求后被家长否决了,那孩子就不会再想着让家长去代买了。

发现孩子"偷"拿钱以后,家长不要非逼着孩子承认自己"偷"拿钱买东西了,更不要选择打骂,而是应当静下心来问孩子有什么事情需要父母帮助。家长要先检讨自己:与孩子的关系是否足够亲密?自己的一些不好的行为是否影响到了孩子?是否了解孩子内心的真实想法和需求?

事实证明,亲子关系如果是和谐的,那么孩子有什么想法,有什么需求,都会及时和家长沟通,征求家长的意见;即使自己的需求未得到家长的允许,也不会违背家长的意愿,"偷"拿家里的钱去满足自己的需求,因此家长需要反思。

其次,建议家长每周都固定给孩子一些零花钱。当孩子到了一定的年龄,有了这种需求的时候,家长应当每周给孩子一些零花钱,完全由孩子支配,让孩子也有种自己掌握自己行为的体验,并向孩子传递家长的期待,相信孩子能够用好自己的零花钱。如果再进一步建议孩子建立一本账,那就更好了。家长可以指导孩子每周记录收入多少,每次支出多少,买了什么,单价多少,总计多少,一周一共开支了多少,节余多少;一周过去,家长与孩子共同算账,引导孩子看看哪些支出合理,哪些可花可不花,对孩子的良好的表现及时给予鼓励。这样,不仅管住了孩子“偷”拿家里钱的问题,而且还培养了孩子的良好理财观念。

悲观与乐观的故事说明了什么

有这样一个故事:有两兄弟,一个叫乐观,一个叫悲观,父亲想对二人进行改造。他买了许多漂亮的玩具给悲观,又把乐观关进一间堆着马粪的脏乱的房间。过了一个时辰,父亲去看望他们,发现悲观竟然在哭泣,那些玩具也原封不动。父亲问他原因,孩子说:“这些玩具玩了就会坏的。”父亲又去看乐观,却发现他正兴奋地在马粪里挖来挖去。还未等父亲问,他便解释道:“我想看看马粪里有没有藏着一只小马!”悲观的孩子的世界总是灰色的,乐观的孩子则会用积极的态度看世界。

对孩子来说,在生活中让他感受到无条件的爱,经常给予他信任和肯定,培养他热情、与人为善的性格,实际上却会塑造孩子带着微笑看世界的品质。笑笑就是这样一个乐观的小孩儿。

笑笑时常笑点很低地露出满口小牙,即使遇到不很满意的事情也会心怀希望。譬如,每上完一堂柔道课都会问妈妈打几分,即使只给 60 分,她也蛮高兴地说:“60 分也不赖,及格了,再练练会更高!”譬如,她的画里,永远是明快的颜色,会给每个没有生命的东西画上微笑的表情。譬如,她从不怵在陌生的环境里和陌生的小朋友相处,总会在极短的时间内找到好朋友玩耍。

盲目乐观可不是好事,妈妈想给她泼点冷水:“凡事可以抱最大希望,但也要做最坏的打算。”笑笑问是什么意思。

“比方说,你们在幼儿园升旗仪式上表演节目,你已经跳了两次舞了,下一次老师不再选你,该怎么办?”

“那我可以做主持人和升旗手啊。”

“但是,你们班有几十个小朋友,最终分到角色的不过几个人。即使你很努力，做得很棒，老师还是不选你，怎么办呢？”

“那也不要紧，我好好练习，总会轮到我的，不是吗？”笑笑倒是心胸宽广看得开。

然而，孩子毕竟是孩子，笑笑也会有愁眉不展的时候，比如说自己训练总达不到被要求的标准时；但很快就烟消云散了，因为她知道爸爸妈妈会与她一起分析原因、查找不足，共同寻找解决的办法。如果这一招也不灵，笑笑也有办法，因为妈妈曾经告诉她，不开心的时候吃点甜食最能缓解不适的心情了。笑笑听了很高兴，不问缘由牢牢记住了，当然这偶尔也成了她想吃甜食的借口。

人总是这样，明白很多大道理，临到自己头上就处理不好了。

前几日，太姥姥去世，妈妈悲伤不已。笑笑见妈妈不开心，就粘在她身边说各种宽慰话：“妈妈别伤心，太姥姥在天上看着你呢”；“我们想太姥姥的时候，她就会在梦里出现”；“妈妈，哭是解决不了问题的……”小孩子不懂何为永别，只记得太姥姥的好，把悲伤也转瞬间忘记了。

小小少年，很少烦恼，眼望四周阳光照。

小小少年，很少烦恼，但愿永远这样好。

父母的言传身教很重要

电视里正播"潮童天下"。

主持人:你几岁啦?

孩子:四岁半。

主持人:五岁才能到节目来,你不合要求啊。

(孩子欲下台)

主持人:等等,我先考你几个问题,爸爸是干什么的?

孩子:是为大家服务的。

主持人:你长大了,想干什么呀?

孩子:为大家服务。

主持人:我现在需要服务,怎么办呢?

孩子:我撬开储蓄罐,把里面的钱都给你,帮助你。

主持人:可还不够啊!

孩子:那等我把报纸卖了,再给你。

多可爱的孩子,而从孩子的言行中,大家又看到了一对善良、正气、负责的父母。

前一段,网上盛传一篇博文《一个好爸爸等于200个好老师》,他给孩子上了改变一生的几堂课——

身教课:合格爸爸,优秀孩子的开始;

沟通课:更好地沟通,更好地了解;

责任课:爸爸是水,孩子才是船;

批评课：引导孩子进入正确的航道；

表扬课：不要吝啬赞美的话；

幸福课：栽植一棵“向日葵”，收获积极的人生；

爱心课：塑造孩子健康的人格；

成功课：种下优良的种子，长出丰硕的果实，“心若计较，处处都有怨言”。

父亲给了孩子10种品质：感恩、宽容、乐观、自信、诚信、勤劳、礼仪、责任、坚强、主见。

晚清“中兴四大名臣”之首的曾国藩曾告诫子孙：“守笃实，戒技巧，守强毅，戒刚愎。”钱穆对他的评价是“算得上是一个标准的教育家”。《曾国藩家训》也被誉为“千古家训之首”。“一省、二静、三勤、四和、五诚、六学、七明、八挺、九趣、十恒”的教子法，更是做人之法。

家长们该怎样做父母，该怎样言传身教，是不是应该学学古人？

一以贯之的五种能力

孔子说:“吾道一以贯之。”

一以贯之是很重要的。在当今这样一个时代尤其如此。面对海量的资讯,没有一以贯之的取舍标准,你很容易被搞得头昏脑胀;面对众多的诱惑,没有一以贯之的品行和操守,你很难抵御;面对纷纭复杂、善恶交织的社会,没有一以贯之的人生方向,你很容易陷入迷惑、迷茫、迷乱之中。

成人如此,教育孩子亦如此。家长可以不知道小学、初中、高中各阶段各学科具体的教学要求和教学目标,可以不懂孩子学到的具体知识点,甚至做不出孩子的某些习题,但应该对孩子的学习和成长有一以贯之的长期关注。在这种长期关注之中,孩子的五种能力尤其值得注意:

一是倾听能力。不少人非常忽略倾听,以为大家都长着耳朵,只要不聋,谁不会听呀？这里可以负责地说,凡是抱着这种想法的人,其倾听能力多半有问题。他不聋,耳朵好使,但他却没有能力让自己聚精会神地听老师讲课。许多人是这样的,他们可以安静地听一小段时间,10 分钟或一刻钟,但不能专注地听上一两个小时。即便是成人,有些人也总爱在别人说话的时候边听边摆弄手机。放下有关礼貌、修养的问题不谈,对学生来说,这种不好的倾听习惯足以损伤他的专注力,从而使其整体的学习能力大打折扣。

投入地听和有耳无心地听,效果绝对是不一样的。为了让孩子有一个良好的倾听能力,家长可以在孩子很小的时候就读书给他听,观察他聚精会神的表情,发现他走神的时候及时地将其拉回来。家里要尽量减少噪音,电视不要没事便开着;听音乐或看电视,要么不看,要看就专心地看。时间长了,孩子就能养成专心倾听的习惯。这样,孩子上了学也能认真听讲。

二是阅读能力。阅读在学习生活中的重要性完全可以用“无可替代”四个字来形容。苏联著名的教育家苏霍姆林斯基说:“如果一个人没有在童年时期体验过面对书籍进行深思的激动人心的欢乐,就很难设想会有完整的教育。”“通过阅读而激发起来的思维,好比是整理得很好的土地,只要把知识的种子撒上去,就会发芽成长,取得成就……学生对书籍的思考越多,他内心由于书籍而激发的喜爱感越强烈,他学习起来就越容易。”阅读能力的训练和提升,只能在阅读的过程中完成,此外别无他途。家长想让孩子爱上阅读,最好是自己先做个榜样,营造出浓厚的家庭阅读氛围,然后让孩子大量地阅读课外书。

三是记忆能力。记忆的重要性似乎不必说太多。我国的各种考试,最基本的就是考记忆力。如果孩子的记忆力太差,那他在整个学生阶段几乎要处处吃亏。撇开应试考试的功利目的不谈,那也得必须承认,记忆力的高下确实是学习能力强弱的一个重要指标。一般而言,抽丝剥茧的分析能力、明辨是非的判断能力以及条理清晰的表达能力,都是建立在博闻强记的基础之上的。因此,专家主张对孩子的记忆能力进行适当的训练,以培养和提升他的学习能力。

四是思考能力。思考能力比较难以量化,但它是一个人创新能力的核心。一个孩子光会把老师教的东西装进脑袋,然后在考试的时候复制到试卷上,这是不够的。老师教给学生知识,目的也不是让他复制,而是要给他以思考的基础,助力他的精神腾飞。知识不带上人的体温,就是死知识;知识带上了人的体温就成了智慧。思考,就是要让知识带上人的体温转化为智慧。一个人光记住了某些知识,他还是在地上行走。如果他学会了用已经掌握的知识去思考,那他就能从地上飞到天上——他已经拥有了精神翱翔的翅膀。

五是写作能力。在日常生活中、在工作中、在人际交往中,写作能力水平的高低,可以说至关重要。特别是现在,随着现代社交工具的兴起,很多事情不需要见面就能解决,可通过微信、电子邮件、QQ 等来处理,使用这些工具,不需要丰富的表情和肢体语言,甚至不需要语言,但需要良好的书面表达与沟通能力。因此,让孩子练就较好的写作能力,肯定对其成长大有裨益。当然,将写作能力的理解再宽泛一些,还应当包括数理化的演算、推理等等,其中也离不开文字表达的功夫。

总而言之,以上五种能力贯穿于一个人成长的全部过程之中,对孩子的学习生活极其重要,家长应当给予高度关注,并一以贯之地对孩子进行培养与训练。

不妨让孩子读读《三国演义》

金庸曾经说过:“《三国演义》的社会影响,远远超过了它的文学价值。”

一部《三国演义》放眼望去,都是家国大事,但是归根结底说还是世道人心,特别是其中隐含的若干“人生大忌”,家长们不妨引导孩子们读一读。

1.言而无信,反复无常

俗话说:马中赤兔,人中吕布。

相信每一个少年在读《三国演义》的时候,都觉得吕布非常厉害。然而,在群雄角逐之中,吕布不仅没有成就大业,反而江河日下,日暮途穷,身死白门楼。

陈寿在《三国志》中评价道:“布,有虓虎之勇,而无英奇之略,轻狡反复,唯利是视。自古及今,未有若此不夷灭也。”一语道破吕布功败垂成的真相。

纵使勇冠三军,天下无敌,吕布却丢失了人生最大的一张底牌——诚信。

为利,他先杀义父丁原,为色又杀义父董卓,后又转投袁术、张扬、袁绍、曹操,复投复叛,一生六次易主,人称“三姓家奴”。

吕布被曹操处死前,曾因刘备违反承诺,拒绝为其说情,他大骂刘备“大耳贼,最叵信”,也许至死他才真正体会到言而无信者的可怕。

“人无信不立,业无信不兴。”诚信,不仅是一种品行,更是一种责任、担当;不仅是一种道义,更是一种德行、准则。

失足,可以马上站起;失信,想要挽回,则需要付出百倍的努力。

2.骄傲自满,目中无人

“吾虎女安肯嫁犬子乎?”如果要评选《三国演义》中“最伤人的话”,想必“武圣爷”关羽的这句话一定排在前列。

人家孙权以一国之主的身份，纡尊降贵前来求亲，关羽婉言拒绝也就罢了，偏偏出言讥讽，令孙权颜面大失，也为自己埋下了败走麦城的祸根。

其实，从关羽平时的作风就可以看出来，他是一个极度自信，也是极度自负之人。温酒斩华雄，过五关斩六将，诛颜良斩文丑……几乎遇到所有对手，都是一副胜券在握、不屑一顾的样子。甚至在年迈的老将黄忠手中没占多少上风之时，也依旧是一种不齿与其为伍的态度。

老舍说过：“骄傲自满是一座可怕的陷阱，而且，这个陷阱是我们自己亲手挖掘的。”

关羽恃才傲物，不给他人留一点情面，其实也意味着不给自己留一点后路。这不仅导致他被孙权挟私报复，一个“斩”字毫不留情地决定了他的归宿，也促使刘封作壁上观，眼睁睁地看着他英雄落幕。

“生如芥子有须弥，心似微尘藏大千。”人心好似芥子微尘，看似微不足道，却藏着大千世界。当真正学会目中有人，才会心中有路，未来一片光明。

3.情绪失控，乱发脾气

荀子曰：“怒不过夺，喜不过予。”

人不是不能有情绪，而是不能被情绪所左右。猛张飞，就是一个活生生的例子。虽然人生有不少高光时刻，但是脾气暴躁却成了一道张飞毕生难以逾越的致命天堑。

暴打督邮，让刚刚安定下来的三兄弟又不得不亡命天涯；鞭笞吕布的岳丈曹豹，让吕布反客为主占了徐州，平白无故失去了发展的良机。

最为致命的是，听闻关羽被杀，他怒火攻心，报仇心切地给两个手下范疆、张达布置了不可能完成的任务：“三天之内为三军置办好白旗白甲，挂帅伐吴，否则军法伺候。”两人只不过稍微辩解了两句，便被毒打了一顿。最后范疆、张达忍无可忍，把心一横，趁着张飞醉酒沉睡之际，将他刺杀，然后带着张飞的首级，投奔东吴而去。

盖世英雄之姿，却用这种窝囊的方式结束了性命，值得痛定思痛。

胡适说过：“世间最可恶的事，莫过于一张生气的脸；世间最下流的事，莫过于把生气的脸摆给旁人看，这比打骂更难受。”

没有人天生就懂得控制情绪，真正有智慧、有修养的人都懂得时刻提醒自己不要栽在坏情绪上；不要在情绪激动、失去理智的时候作决策，拿主意。

生气，不如争气。愚蠢的人只会生气，聪明的人争气而不生气。一个人的好脾气才是他一生的福气。

金庸说，历史上的事件和人物，要放在当时的历史环境中去看。政治观点、社会上的流行理念时时变迁，但人性却变动极少。

《三国演义》写的是历史，但揭示的是人性，在今天仍然意义不减。

可以说，《三国演义》的故事是成人的“生活启示录”，也是孩子的“人生教科书”。读懂三国中的故事和人性，将使父母与孩子的人生之路越走越宽，越走越远。

避免“宽严皆误”的秘诀

清人赵藩游览武侯祠时撰写过一副很有名的对联，用以评价诸葛亮的一生功业：“能攻心则反侧自消，从古知兵非好战；不审势即宽严皆误，后来治蜀要深思。”上联说，诸葛亮用兵善于“攻心”，用“七擒孟获”的方法平定了南方；下联则说诸葛亮在治理蜀国时，在审时度势上欠功夫，结果是“宽严皆误”，屡次北伐都失败。

其实，“宽严皆误”的情况又何止表现在治国与用兵方面？在教育子女问题上，不也一样吗？尤其是在当今这样一个文化多元的时代，既有“虎爸虎妈”式的严格教育，亦有“顺其自然”的自由教育。总的感觉是，就教育方法而论，严格有严格的功效，自由有自由的好处，都有其成功的范例，实在难分高下。最关键的不是“严”与“宽”的问题，而是“严”“宽”之运用是否得当、科学的问题。若运用恰当，那就叫“刚柔相济”；若运用失当，那则会“宽严皆误”。

那么，怎样才能避免“宽严皆误”呢？其中的奥秘就是“善审势”。在教育孩子的问题上，怎样做才算是“审势”？简单来说，就是要善于观察，要对自己的孩子有充分的了解，孩子的性格特质是什么、孩子的长项在哪里、缺点弱点又是什么，诸如此类的问题家长至少应该做到心中有数。此外，家长最好对孩子的发展势头、成长趋势，也能有一个大致的方向性预判，这样，你对孩子所实施的教育就会有的放矢，事半功倍。相反，如果家长对自己孩子的情况了解得不充分、不细致，或判断失误，就容易使家长和孩子陷入“苦战”之中，家长抱怨孩子不听话，孩子则埋怨家长不开明，家长为孩子操心受累不少，孩子真心领情的却不多。家长期待的是德智体全面发展的“好孩子”，可是晃荡在家长眼前的却偏偏是一个吊儿郎当的“熊孩子”。所得与所求南辕北辙，这对谁来说都不是一件愉悦之事。为避免此类问题的发生,最好的解决方案,莫过于家长先学会做一个“善审势”之人。

世界上没有两片完全相同的树叶,世界上更没有两个完全一样的人。每个孩子都是一个独立鲜活的个体,即便孪生兄弟姐妹也不例外,他们各具禀赋,各有各的“势”。作为家长要“善审势”。

孔子说:“视其所以,观其所由,察其所安。人焉廋哉?”(《论语·为政》)意思是,看一个人行事的目的何在,再考察他以往的所作所为,再审视一下他的心思放在何处,如此一来,这个人还能够隐藏什么呢?这种看人审势的思路不是很值得借鉴吗?家长不妨看看:自家的孩子爱干什么事?他做事的目的何在?再看他的心思都放在什么地方?常常这样观察,家长对孩子的了解就会很充分。家长对自己的孩子了解得越充分,所实施的教育自然也就越有针对性。

鬼谷子还总结了一套识人术,叫“居视其所亲,富视其所与,达视其所举,窘视其所不为,贫视其所不取”(《史记·魏世家》)。意思是,要了解一个人,平时要看他与什么人交往,富贵时要看他把钱都给了谁,显赫时看他推荐了什么人,窘困时看他不做什么事,贫贱时看他所不取的。用这五条标准就可判断一个人到底如何。其实,家长也可以灵活地移植到“审势”之中,审视一个孩子的特质,不妨从这几个方面入手:平时看他乐意跟什么样的小伙伴玩耍,他有了新玩具是否愿意与他人分享,当上班干部之后他是否依然低调,受到挫折时他是否坚强,遇到诱惑时他是否还能坚守住底线。用这几条标准“审势”,家长就会对自己的孩子有比较深入的了解。建立在对孩子深入了解之上的家教,一定会取得事半功倍的效果。

“审势”清楚之后,家庭教育就能对症下药了。“对症下药”的总原则上面那副对联也说得很清楚了,就是“攻心为上”。家长光唠叨没有用处,必须得让孩子“走心”“入脑”才管用。

“攻心为上”的心理准备

家教中的“审势”与“攻心”，是互相依存、相辅相成的。既然要对孩子“攻心为上”，那么家长也应当换位思考，“将心比心”才行。为了让孩子心悦诚服，家长至少需要做好三项心理准备工作。

1.耐心

“攻心为上”的关键是让人心服口服，为了做到这一点，就必须有足够的耐心。《三国演义》中，诸葛亮对孟获是“七擒七纵”，这样才真正赢得了孟获及其少数民族部落的“心服”。“七擒孟获”与其说充分展示了诸葛亮出色的军事才能，不如说表现了诸葛亮贯彻“攻心为上”战略的充分耐心。没有耐心，谁也没有办法赢得他人的真心。家长对自己的孩子进行引导和教育也不例外。尤其是在今天这样一个时代，家长想要让孩子对你心服口服，没有相当的耐心是绝对办不到的。孩子的一个坏毛病，做家长的纠正一两次他就能改吗？不可能吧。想让孩子养成一个好习惯，家长以身作则示范一两次就行了吗？恐怕也不行。所以，家长必须按照孔子“学而不厌，诲人不倦”的教育理念，应当抱着足够的耐心施教。

可是，也不得不承认，随着生活节奏的加快，人们正在变得越来越浮躁，越来越没有耐心。比如，家长本不应该对孩子发火时还是发了火，本可以和颜悦色地处理时却用了严厉的语气。家长事后反思，也往往知道这不是孩子不好，而是自己修养不够。所以家长应当有警觉之心，不断地反省、修炼自己；不要以为自己对孩子有耐心就是为了孩子好，孩子就得感激你，而应该反过来思考，正是通过耐心教育孩子才提升了个人的修养与情操，应该诚心诚意地感谢孩子。

2.诚心

说到诚心,可能很多人都会问:难道还有对孩子虚情假意的父母吗?其实,这里的本意是说,不要以为你是孩子的亲生父母就能天然做到真诚地对待孩子。现实中,很多家长都会说自己所做的一切都是“为了孩子”,可实际上真是这样吗?在现实生活中,有些家长往往有意无意地神化了个人对孩子的感情,搞得好像普天下的父母在子女面前都成了无私奉献的楷模,站在了道德的制高点上。可实际上却带来很多弊病。比如一些家长觉得自己先天地占有道德制高点,就在家庭生活中对孩子表现得简单粗暴、专制武断,反而引发了孩子的反感。

我们许多做父母的,只要心平气和地想一想,就得承认,在个人成长过程中,自己确因父母的不正确对待而受到过程度不同的伤害(包括身体上和心理上的)。父母对我们的爱是真的,但是他们的种种局限以及这些局限给自己造成的负面影响也是真的。这才是世间的真相。今天,一些做了父母的家长,也应当先承认这个真相,然后用平等的真诚的心去与孩子推心置腹地交流。

3.同心

同心讲的是父母以及祖辈要在教育子女活动中搞好协作,相互配合。现代社会处处讲分工合作,家庭教育也不例外。在教育子女过程中,父亲应担起父亲的责任,母亲要当好母亲的角色,两者缺一不可。可现在的情况是,相当多的父亲缺席家庭教育,或者在教育子女中发挥的作用严重不足。这肯定不利于孩子的成长。有一本书叫《再忙也要做个好爸爸》,作者是美国的迈克尔·史密斯。他说:“母性教育是一种‘叶根’的教育,目标是达到生命的滋润、丰满;父性教育就是一种‘主干’教育,目标是建立人生的‘主心骨’,实现生命在空中的充分伸展!传统家庭中,大多是母亲担当教育孩子的责任。而除了能较充分地接受到柔软的母爱,孩子往往缺少果断、坚强、乐观、豁达等品质的熏陶,等待着父爱来填补。”所以,他的建议是:“无论工作多忙,父亲都要抽出时间来陪伴和教育孩子。”

“攻心为上”的心理准备就说这些吧。大家作好准备了吗?没作好准备的请抓紧准备,准备好的就进入“实际操作”吧,祝你成功!

怎样与青春期的孩子相处

有关专家提醒:家庭教育的有效时间是在孩子 14 岁之前,孩子进入青春期之后暴露出来的问题,并非因为青春期叛逆所致,而是早在青春期之前就已形成。孩子一旦进入青春期,由于他们对同伴以及社会的认可需求会高于来自对家长意见的认可,所以家长不要幻想能够通过自己对青春期孩子的一般说教来改变他们,这时家长的话语对孩子往往作用甚微。事实证明:对于青春期的孩子,家长教育的念头越是强烈,亲子关系就会越发糟糕,矛盾冲突也会更加严重,情绪失控就会一触即发。青春期孩子的家长放弃说教的企图,注意通过以身作则和改善亲子关系,发挥自身良好的影响力,往往才是与孩子友好相处的有效途径。

在健康的亲子关系中,家长与孩子能够有效沟通,并且能够关注到彼此情绪,而在遇到突发情况或产生矛盾时,家长都要注意不能破坏亲子关系。家长与孩子在沟通过程中要随时提醒自己,亲子关系是第一位的。处在青春期的孩子往往比较敏感,因此,家长在沟通之中务必应该训练自己的察觉与识别能力,当感受到彼此的关系紧张时,应该适当收敛并且想办法及时修复。青春期的孩子情绪爆发时不能硬来,家长可以适度示弱并进行安抚,等孩子情绪趋于缓和后再继续讨论有争议的话题。

现在有不少家长有一个误区:想直接告诉孩子所谓的“正确答案”,并将自认为正确的想法强加到孩子身上,以为这样可以帮助他少走弯路。家长应当改变这种想法,只要试错成本可控,应当放手让孩子自己做选择,因为孩子可从中获得深切感悟,更有助于其成长。

青春期孩子不像成年人能够清晰分辨自己的情绪,他们的负面情绪可能同时夹杂着痛苦、低落、愤怒等。当关注到青春期孩子的负面情绪来袭时，家长要提醒他们不要冲动，引导其和信赖的人倾诉自己的内心想法。如果不愿意对外倾诉化解，也可以尝试借助外部事物来转移注意力，避免负面情绪转化为自我伤害。有关研究表明，有两类孩子不容易自伤或者自杀——运动爱好者和“书呆子”，即有自己兴趣爱好的孩子不容易自我攻击，所以家长应该关注孩子兴趣爱好的培养。

如何与孩子谈青春期发育

孩子进入青春期后，生理和心理都发生急剧的变化，这些都是孩子走向成熟的标志，有人把这个时期称为“暴风骤雨期”。生理的变化会导致孩子心理上出现一些相应的变化，孩子往往对生理的发育感到矛盾、困惑、好奇、焦虑乃至冲动。所以，这个阶段父母需要给予孩子理解和友善的提醒，让他们增添一种安全感，更加从容地对待自己生理与心理的变化。

首先，家长需要理解性教育对孩子身心健康的重要性。由于性知识的贫乏，性教育观念的陈旧，使得孩子处在性无知的状态。有些孩子面对自身的性器官发育会感到无所适从，同时因为害羞而不会向父母和老师启齿，整天忧心忡忡，甚至让本来愉悦的青春生活变得昏暗不堪。还有一些孩子在强烈的好奇心的驱使之下，陷入色情网站不能自拔。这些都在提醒家长，对孩子进行正确的性教育是十分必要的。

其次，家长应当学习科学的性知识及性道德观念。家长应从相关的图书中学习科学的性知识及性道德观念，学校也可以采取举办家长专题讲座等方式进行辅导，通过家长对孩子进行正确的引导。

再次，家长应当大方地与孩子谈性。要创造一个宽松的氛围，孩子想了解到任何程度，都不属于“过度”。家长对于性不必忌讳，若家长实在感到难为情，也可以告诉孩子这种感受，这样也许正好会削减孩子可能产生的阻抗心态。可以尝试这样的谈话方式：“孩子，你已经进入了青春期，一些生理方面的话题我需要和你谈谈，因为爸爸妈妈以前也没有和其他人谈过这个话题，所以也有点难为情，不过这些对你的成长发展很重要，爸爸妈妈也要努力克服自己的心理障碍，想和你敞开心扉地谈一谈……”家长还可以通过其他的方式让孩子更多地了解科学的生理心理知识,比如购买一些正规出版读物等,或与孩子讨论家庭、婚姻、友情、爱情等话题。

最后,家长与孩子交谈应当有分工。对于青春期生理发育那些事情,男孩子最好由爸爸谈,女孩子最好由妈妈谈。请家长相信,做好了以上的工作,孩子会很好地度过这段时期。

初三学生家长不应做的五件事

家长在初三学生中考复习中扮演着非常重要的角色。虽然在学业方面,家长很难对孩子有直接的帮助指导,但在生活、心理和精神方面,却是孩子最依赖的支柱。

毋庸置疑,家长都对孩子抱有很大期望,并在生活中给予无微不至的关心与照顾;但是,由于一些家长没有掌握科学的方法,这种期望和关心往往给孩子造成压力,甚至引起孩子的反感。这里,提醒初三学生的家长不要做以下五件事:

1.一心盯着重点学校

调查显示,相当一部分孩子的考前焦虑情绪是受家长影响而形成的。对于中考的重要性,其实一些初三学生并没有非常明确的认识,所以谈不上紧张。倒是家长们考虑到孩子今后的前途、发展,一心想让孩子考入重点高中,而忽略了孩子的能力、水平。家长们过高的期望,往往给孩子造成巨大的心理压力,出现焦虑心态也就不可避免了。

如何解决这一问题呢?家长要让孩子有个好心态,首先就得先摆正自己的心态。中考固然重要,但它不是决定孩子命运的唯一机遇。家长应该对自己的孩子有一个合理的估计和恰如其分的期望,不是所有孩子都能被重点高中录取,考不进重点中学,也不意味着就失去了美好的未来。当家长以一种宽容、宽松的心态看待中考、看待孩子的成绩时,孩子身上的负担肯定会轻松不少。

2.总把“关心”挂在嘴边

家长们总是想让孩子无时无刻不感受到自己的关心，而这种关心除了生活上的照顾之外，就是经常挂在嘴边的询问、叮嘱。家长们总想知道孩子在学校一天过得好不好、吃得好不好、成绩怎么样……殊不知，孩子在学校里紧张学习了一天，已经非常疲劳和烦躁，再听到家长的唠叨，情绪肯定更不好。

所以，家长遇到大事要镇静，学会倾听，有时“不说”的效果要比“说”好很多。很多时候，孩子们需要的不是一个说教者，而是一个倾听者，特别是在中考复习的冲刺阶段，当孩子把话说出来以后，内心的压力和紧张情绪就能得到一定的缓解。如果家长一定要“说”，那就说一些对孩子有帮助的话，比如围绕孩子当下面临的问题与困难帮助他寻找解决的办法等。

3.打击孩子的自信心

有些家长不顾孩子的自尊心，动辄就对孩子批评训斥，比如“你真笨、真没用”“就你这样的成绩，还想考重点高中”……这类讥讽、训斥最容易打击孩子的自尊心和自信心，甚至可能导致孩子中考尚未开始就自暴自弃。

在中考冲刺阶段，自信心对于考生有着不可估量的作用。家长作为孩子最亲近的人，应该给予他们最大的信任和鼓励。即使孩子的成绩暂时落后，没能达到家长的期望，仍然应当给予他们鼓励。家长应该多从孩子身上挖掘闪光点与优点，对于他们的每一点进步都及时鼓励和表扬。久而久之，孩子们就会慢慢建立起自信心。

4.孩子“全托”没我事

有些家长觉得孩子自主学习能力比较差，于是在考前把孩子送进“全托”辅导班，让辅导班的老师代替学校和家庭，担负起辅导孩子学习和生活的责任。家长以为这是对孩子最好的安排，实际上这是一种逃避责任的行为。这可能会在孩子心中留下阴影，认为在自己人生最关键的时刻，没有感受到家庭的亲情和温暖。而且，这类孩子升入高中后，因为缺乏自主学习能力，往往会对学习感到更加吃力。

如果说中考是一道关，那么家长应该和孩子一起闯关。中考复习冲刺阶段，孩子的身心都很疲劳、敏感、脆弱，因此更需要家长给予亲情的陪伴与温暖。

所以,家长不但不能推卸自己的责任,而且应该抽出更多的时间和孩子一起度过这段关键时期,和孩子一起在“闯关”中成长。若干年后,说不定这段家长与孩子共同度过的苦乐时光,会成为一段美好而难忘的人生记忆。

5.为求提高“瞎取经”

有些家长害怕孩子学习不得要领,喜欢向所谓“过来人”取经,一旦有所斩获,便认为取得了“真经”,逼迫孩子依照实行。这样盲目“取经”的结果,往往扰乱了孩子正常的复习计划。

家长可以先向孩子了解一下,在复习中孩子存在哪些问题,需要什么帮助。然后,可以到学校向老师咨询学校的复习计划和节奏,针对孩子存在的问题,请老师“出招”,帮助找到合适的解决方法。这种做法可以更有针对性地让孩子认识到自己的缺点、漏洞,并及时有效地进行修正、弥补。总之,在孩子中考复习的关键时期,家长应当多做雪中送炭、雨中送伞的工作,而切勿做画蛇添足的事情。

蔡元培爱女有方

蔡威廉是蔡元培先生的爱女。蔡元培在教育女儿的问题上，主张发展孩子的个性，挖掘孩子的兴趣爱好和潜在特质。

蔡威廉曾三次跟随父母去德国、法国、比利时等国，接受了良好的教育，精通德、法两国语言。蔡元培在带女儿游历各国时发现威廉对绘画非常着迷，便有意识地带她去参观法国的卢浮宫、德国的德累斯顿画廊、意大利的乌菲齐画廊等艺术场馆。那些凝聚着人类智慧的艺术精品，使得小威廉由衷赞叹，流连忘返，最终决心一生追寻美的艺术。

当时蔡元培的夫人认为绘画艺术学亦无用，并不赞成女儿的选择。蔡元培便主动说服了夫人，全力支持女儿。蔡威廉曾就读于比利时布鲁塞尔美术学院，后来又转到法国国立里昂美术学院，专攻油画，她毕生最大的心愿，就是做中国的达·芬奇。

蔡威廉留学回国后，想要画一幅人像习作，却一直找不到模特。蔡元培放下手头的工作，乐呵呵地对女儿说："我就做一回你的模特吧。"蔡元培认真地坐了一两个小时，任凭女儿指挥摆布。谁知肖像还没有画完，就有客人来找他，无奈之下，只好中途作罢。这件未完成的珍贵作品，至今还摆放在上海延安中路蔡元培故居当中。

归国后，蔡威廉一直在杭州艺专从事绘画教学工作。她先后创作了巨幅人物画像《秋瑾》、神话故事《天河会》等画作，轰动一时。正当蔡威廉绘画事业崭露头角的时候，"七七事变"爆发，蔡威廉跟随丈夫，带着年幼的孩子，从杭州一路颠沛流离到了昆明。生第五个孩子的时候，蔡威廉得了严重的产褥热，不幸病故，年仅35岁。蔡威廉身后留下的，只有一大批沿途创作的画稿。

蔡元培当时在香港,也身患重病。家人不敢把蔡威廉去世的消息告诉他,但是,蔡元培最终还是从香港的报纸上得知了爱女去世的消息,不禁老泪纵横。次年,蔡元培去世。弥留之际,他仍轻轻呼唤着女儿的名字,应是不仅为失去爱女而悲伤,也为中国失去了一颗本会大放光彩的艺术之星而深深痛惜吧。

名家与大师们的家风

家风是影响孩子们一辈子的事。家风正，则人行端；人行端，则民风纯；民风纯，则社会兴。

梅兰芳：梅家家风传后人

京剧大师梅兰芳是爱国主义者，深受人民群众的敬重，被誉为“世界上独树一帜的中国戏剧文化的代表”。

梅家从梅巧玲到梅雨田、梅竹芬，到梅兰芳，再到梅葆玖，除梅雨田为琴师外，其余四代人均是“旦角”，子承父业，代代相传。梅家的家庭氛围向来很宽松。梅兰芳4岁丧父，在祖母、伯父、母亲的扶持和教育下，刻苦学艺，从艺术和家风上继承了梅家的祖风，将梅派艺术发扬光大，成为中国现代京剧史上改革创新的先锋。

在日寇侵我山河、气焰嚣张的岁月里，梅兰芳蓄须明志，告别舞台，艰难度日，体现了京剧艺术家的崇高民族气节，令后人十分敬重。经常有人向他请教培养子女的经验，梅先生总是淡淡地说：“尊重孩子就像尊重观众一样！”梅兰芳一生律己甚严，他不但把自己的表演艺术传给诸多弟子和儿子梅葆玖，而且也把梅家谦虚谨慎、俭朴随和、乐善助人的纯朴家风传给了子孙后代。

鲁迅：不当空头文学家

1936年，文学大师鲁迅病情危重，他在散文《死》的篇末写下遗嘱，其中第

5 点是留给 7 岁的儿子周海婴的："孩子长大，倘无才能，可寻点小事情过活，万不可去做空头文学家或美术家。"周海婴没有成为文学家或美术家，而成了个无线电专家。

作为文化伟人的儿子，周海婴是荣耀的，但是重负也紧随其一生，他说："父亲一直在鞭策着我，也给我压力。"他谨言慎行，谦逊温和，一生过得实实在在，低调平稳，逝世后得到了好评。

钱穆：好家风代代都受益

以国学大师钱穆、钱锺书等为代表的钱家家风，也是为世人所津津乐道的。有人问钱家为什么出现过那么多名人，科学家钱伟长曾戏称："我们钱家人喜欢读书，书读多了容易当官，当官的容易出名。"

其实，了解情况的人都知道，钱家好读书的家学渊源沿袭至今，钱玄同钱三强父子、钱钧夫钱学森父子、钱学熙钱绍武父子等钱氏后代都是勤奋好学的典范。一脉相传，形成了钱家自强好学、一心为民的好家风。

林长民：富养子女的家风

人们常说"穷养儿，富养女"，但是像林徽因这样的女子却不仅仅是物质上富养出来的；富，更有精神的丰富。

林徽因的祖父林孝恂是清末办新学的先驱，其父林长民是五四运动的先驱者之一。五四运动前，林长民从梁启超那儿收到消息，巴黎和会谈判失败，有人把山东出卖给了日本。林长民义愤填膺，执笔写下了《外交警报敬告国民》的社论，由此引爆了五四运动。

五四运动一年后的春天，林长民得到机会去欧洲考察。这位曾留学日本的父亲，先进开明，不拘传统，他决定带上 16 岁的女儿。"我此次远游携汝同行，第一要汝多观览诸国事物增长见识；第二要汝近在我身边能领悟我的胸次怀抱；第三要汝暂时离去家庭烦琐生活，俾得扩大眼光养成改良社会的见解与能力。"在欧洲，他带女儿游览了巴黎、罗马、日内瓦、柏林等城市，这些古老的城市保留着多少年前的模样，古迹与文物无不散发着欧洲古典文化的味道。他还带着女儿走过工厂报社，从实地去感知资本主义的运作，即便浪漫的林徽因并不感兴趣，林长民却说："不可不观。"多年以后，林徽因绝想不到，这次所见的西方文明和工业发展，正在悄悄地拓展着她的眼界，懵懂的她也因此拨开人生的迷雾，找到一条路，选择了集艺术与技术于一身的建筑学，并以此作为毕生追求的事业。

建筑是林徽因的主业，而诗，是她的气质品性。林长民也挚爱诗，与林徽因都是新月社的成员。在诗歌面前，两人是朋友，所以才能跳脱血缘关系，去探讨更广阔的问题。

1924年，泰戈尔来北京，当晚北京文化圈的人为他安排了一场诗剧表演《齐德拉》，出演的人员正是林徽因、徐志摩、林长民。报纸给予赞誉："父女合演空前美谈。"林长民离开父亲的位置，以朋友的身份走入林徽因的精神世界，借诗培育其品性。正因平等，父女在诗歌上才有共同语言。林徽因亦因此对别人说，父亲是她唯一的知己。

母亲的想象力可以无穷大

这是个单亲家庭，母亲和10岁的儿子，时常被邻居没来由地欺负。

这一天，忍无可忍的母亲拉着儿子来到天井，高声喊道："你们根本不知道我们是谁，看看我儿子，他将来会成为大使、作家、荣誉军团骑士……"

不要说邻居们哄堂大笑，把她当作疯子，就连儿子也为此感到伤心屈辱，他也绝不相信自己会成为什么大使、作家、荣誉军团骑士。

这对母子，生活在20世纪20年代的波兰小城，母亲在艰难维持生计的同时，让儿子学习了音乐、绘画、击剑、社交礼仪，当儿子确定写作为自己的唯一兴趣时，母亲兴奋地鼓励他："儿子，你会成为另一个托尔斯泰，另一个维克多·雨果。"

为了实现这个目标，母亲送儿子去了巴黎。

二战爆发后，母亲紧急唤回儿子，告诉他，去柏林的火车票已经买好了，"你去杀了希特勒，他必须死。"儿子决定前往。暗杀计划最终未能实施，是因为母亲舍不得让儿子去送死。

儿子应征入伍，加入法国空军。虽然险情迭出，但每次都奇迹般地脱险，支撑他的是与母亲的信件来往。战争结束，他获得戴高乐将军亲自颁发的解放勋章，战争期间创作的小说亦出版并获得成功。战后，他任职于法国外交部。此时他不由得想起10岁时母亲几近疯狂的预言——"我的儿子将成为大使、作家、荣誉军团骑士"，现已完全成真。

这个儿子就是唯一两次获龚古尔文学奖的作家罗曼·嘉里，他一生创作了34部小说。

母亲的想象力，可以无穷大。

许多人在孩童时都读过瑞典作家林格伦的童话《长袜子皮皮》，但你知道那个头发火红、力大无穷、好开玩笑、喜欢冒险、穿着一只黑袜子一只棕色袜子的小女孩，是怎么创作出来的吗？

那一年，林格伦7岁的女儿肺炎住院，她守在床边。女儿要妈妈讲故事。讲啊讲，妈妈肚子里的故事都讲光了，实在不知道讲什么好了，就问女儿："我讲什么好呢？"女儿顺口答道："就讲长袜子皮皮吧。"

三年后，女儿10岁生日时，《长袜子皮皮》诞生了，是妈妈给女儿的生日礼物。这本书被译成30多种文字，畅销不衰，总发行量超过1000万册。

就凭着女儿一念之间说出的一个名字，母亲可以为全世界的孩子们"生出"一个好朋友。母亲的想象力，大到无法想象。

日本为什么少“熊孩子”

“熊孩子”一般形容调皮捣蛋的孩子，在公共场合少不了他们的踪迹。日本有没有闹人的“熊孩子”？有，但是比较少见，这跟日本家长注重家庭教育、礼仪教育以及孩子在一个礼仪社会氛围中长大，有着密切的关系。

日本家庭教育的“细致化”，使得日本孩子从小就十分懂礼貌。一个孩子从小到大，要学习的礼仪数不胜数，有的是言传，有的是身教。仅仅是拿雨伞这件小事，也会有许多条条框框：不能打横拿着雨伞走路；拿着雨伞的时候不能一边甩一边走路；上电车或者公交车之前要把雨伞折好。

在饭桌上的礼仪也有不少：在餐厅吃饭不可以任意地到处走，不可以大声吵闹，不可给别桌的客人添麻烦；在朋友家吃饭，必须要用“公筷”把菜夹到自己的碗里，不能直接用自己的筷子夹；尽量把自己碗里的食物都吃干净，不拿超过自己食量的食物。

日本社会有这样的说法：有懂礼貌的父母，就会有懂礼貌的孩子，看到孩子也就知道父母是怎样的人。父母不因为孩子小而放纵孩子，相反，正因为孩子小，可塑性强，才更要认真地遵守规矩和礼貌，否则长大了就会在社会上吃更多的苦头，也会有很多人替自己更狠地教训他们。

世间没有天生的乖小孩，也没有天生的“熊孩子”。要想遏止“熊孩子”现象，礼仪教育不可或缺，而礼仪教育的展开除了家长责无旁贷之外，更是全社会所有人义不容辞的共同责任。

松下幸之助说父母的责任

父母是孩子最好的榜样。身为父母,应该以身作则,树立正确的人生观和价值观,认真地对待生活。

这里记载的是日本松下幸之助结合自己的体会与认识所叙说的父母的责任:

> 记得以前听人说过"生儿容易养儿难"。虽然已经记不清这句话的出处了,但是其中的道理我深为赞同。作为父母,世间最难的事情莫过于教育和抚育孩子了。

常言道:"三岁看老。""小树不修不成材。"想要将孩子培育成才,必须从小严格要求,使其明白事理。正确的人生观和价值观并不是自然而然形成的,需要正确的教育和引导。大家应该都听说过狼孩儿的故事吧。有个少女从小在狼群中长大,等她长大成人之后,只能像狼一样嚎叫,无法回归正常的人类社会。无论一个人多么伟大,其幼年时期所受的教育对他的一生都会产生十分重要的影响。

全社会的每个成年人,都应该自觉地为孩子们的成长树立正确的榜样。而父母与孩子接触最多,距离最近,承担的责任也最大,教育孩子对父母而言更是责无旁贷。当然,教育子女并不是一件容易的事情。也许正是因为这个原因,从前很多生意人将自己的孩子寄养在一个知书达礼的人家,让孩子从小接受良好的教育。

我自己也是一个家长,教育子女是我应该承担的义务之一。回首往事,坦白地说,我一心埋头工作,忙于事业,孩子的教育全部落在妻子身上。所以,对于如何教育孩子,我是没有发言权的。在这里,只想谈一点我认为十分重要的事:父母应该从自身做起,树立正确的人生观和世界观。

一点一点地告诉孩子哪些事情可以做,哪些事情不能做,固然十分重要,但是身教胜于言传,父母是孩子最好的榜样。父母的责任意识会在无形中化为自身的自觉行动,这就是对孩子无声的教育。有些父母对孩子的要求十分严格,自己却不能以身作则,这样做当然比放任自流要强,但实际效果却还是要画上一个大大的问号。身为父母,要有积极向上的是非观、人生观和世界观。这是为人父母的义务和责任。

有人会问:父母双方谁对孩子的影响更大?我认为,应该还是父亲吧。现在,有不少父亲同我一样,因为忙于工作,陪伴孩子的时间变少了,即便如此,如果父亲为人正直,坚毅沉稳,那么母亲也必定会受其影响,严格要求孩子。相反,如果父亲缺乏主见,母亲就会感情用事,容易本能地溺爱孩子。我并不否认母爱的崇高与伟大,但是仅仅依靠母爱还教育不出优秀的孩子,孩子的健康全面成长,是非常需要父母双方合理分工、共同合作、适当引导的。

古往今来,许多人并没有一以贯之的明确的人生观,不少为人父母者也在生活中迷失了自我,这也许正是当今青少年教育所遭遇的许多问题的根源所在吧。

在这个价值观多元的社会,每个人都应当树立起属于自己的正确人生观。与此同时,父母自身应该坚持正确的价值观和人生观,不懈地追求,这既是教育孩子、感化孩子的第一步,也是父母自身走好人生之路的新起点。

国外家长应对淘气包的高招

在美国的大多数州里，体罚被列为禁止之行为，至少教育专家们都不提倡使用。即使孩子犯下较大的错误，心理学家们也建议最好不要动用警方执法，如果管理过当，孩子们会产生逆反心理，他们对正常教育就会越发抵触。为此，智慧的家长们找出多种方式惩戒孩子们的“坏”行为，既不过分，还能让孩子吸取教训。许多法子让淘气犯错的孩子多年以后回忆起来，仍然记忆犹新。

1.剃个怪发型

一位住在佐治亚州的单亲母亲，得知当地的一家理发店提供一项特殊服务，就把在学校里因为不守纪律而被停课的10岁儿子送去，要求理发店主人援手惩治一下儿子。

原来，这家理发店的主人拉索尔·弗里德里克有四个孩子。去年秋天，他12岁的儿子不仅严重厌学、成绩很差，还在课堂上与老师作对，口口声声称自己已经长大，不需要坐在教室里受罪了。当学校把这一情况告诉拉索尔后，他很费了一番脑筋来考虑如何让儿子知错改错。

拉索尔亲手给儿子剪了一个很另类的发型：“你不是说你已经长大了吗？好，我让你有一个‘大’的样子！”

拉索尔把儿子的头顶剃秃，两边和后面留了短发，让他看上去像个谢顶的老头。拉索尔在接受《华盛顿邮报》采访的时候说：“儿子顶着这个老头发型去上学，同伴们询问发型由来时让他很尴尬。他为自己曾经在学校里做的傻事感到羞愧，在课堂上变得安静和认真听课，几个月后，他的学习成绩竟然快速飙升。于是，我也兑现自己的诺言，再没有给他剃怪发型。”

拉索尔很希望这个方法也能帮助到其他父母,因此打出广告,如果哪位父母要教育过分淘气的孩子,可以到他的理发店里接受免费服务。此后,还真的有父母把孩子送来请求他的帮助。

2.分包社区劳动

路易斯安那州的单身母亲德米拉·佩思突然接到学校的电话,称她13岁的儿子因为行为不端被罚3天不得到校上课。

回到家,她的儿子满不在乎,照样喝着饮料、吃着草莓看电视。德米拉认为儿子被罚不能去上课,并不是让他在家休假,他必须得接受教训。

于是,这位负责任的母亲找出清理院子的工具,叫起正在懒散吃喝的儿子去干活。当儿子把自家的后院整理好之后,德米拉开车带着他,在社区里一路敲门,问街坊邻居哪家有活需要干,让儿子给他们提供免费劳动。

德米拉的儿子逐渐明白了母亲的用意,认真地帮街坊邻居割草、收拾垃圾、洗车、清理树木。他干活的时候,母亲就在车里等待,一是陪伴,二是监督。三天里,他们一共给8家邻居干了活,儿子没有抱怨一句。

每天劳动之后,德米拉把儿子送到社区图书馆,让他自学并且完成当天应该做的家庭作业。有时候,儿子要多花上几倍的时间学习和理解新课的内容,因此真切地感受到,在学校老师的指导下学习是多么顺畅和得心应手。

3.抄书

在英国伊顿公学,如果学生犯了严重的错误,学校会联系家长,共同采取一种“很文明”的方式惩罚学生——将学生关进图书馆的密室并令其抄写拉丁古文籍,即使王子也不能幸免。从表面上看,这样的惩罚是微不足道的,而实际上,古籍很高深,抄错是不容许的。一整天抄好一页都很难。对活泼好动的男孩子来说,幽暗的房间,几乎无声的凝固环境,让人感到巨大的压力,只要经受一次,学生们大都会下决心以后不再乱淘气了。

4.撕画

比利时一位母亲讲起,6岁女儿曾经损坏了友人家的物品,虽然不是很严重,但是她认为这并非女儿的无心之过。回家后,母亲把女儿带回到她自己的房间,然后拿出女儿的一幅画,让女儿自己撕毁。这幅画是女儿和她的保姆一起创作的,她非常喜欢,并且引以为豪,当然不会同意,于是一边大哭一边拒绝撕画。过了一会儿,待女儿稍稍平静后母亲告诉她:“你现在知道这种感觉了?你把别人的东西弄坏,难道别人不伤心吗?每个物品对它的主人都有特殊的意义和价值,你没有权力无视。下次你要捣乱,只能用自己的东西撒气,不许弄坏其他人的物品。”

女儿成年后,每次谈到这次惩罚都十分感慨,记忆犹新。

母亲为儿子减重 76 公斤

爱尔兰母亲珍妮弗·卡罗尔为能陪伴儿子长大，下决心减肥；两年内，她减重大约 76 公斤，一时成为“网络红人”。

珍妮弗在爱尔兰的一家银行工作，育有一子。她早年去英国伦敦求学时遭遇人生低谷，借进食减压，其后果是体重增加 25 公斤，最重时达 162.4 公斤。

2015 年，珍妮弗怀孕，接受 B 超检查时，却因腹部赘肉太多而致医生难以看清胎儿情况，这一尴尬促使她下定决心减肥。但儿子卡特出生不到一年，她和伴侣分手，又一次“化悲愤为食欲”，体重出现反弹，健康状况恶化，这再次给她敲响警钟。

一次，她患急性胰腺炎，因太胖无法在当地医院接受手术。身为单身母亲，她意识到为了儿子必须健康。“如果我继续以前的生活方式，以后就无法陪伴在儿子身边。”

珍妮弗在儿子 2 岁生日当天，加入了一个减肥机构，拟订减肥计划，严格规划饮食，少吃甜食和零食，一年内减重 63.5 公斤。虽然效果不错，但她仍不满足，改去健身馆付费参加个人训练课程，在随后 10 个月内又减重大约 12.7 公斤。

珍妮弗如今每周 5 天，在早晨儿子起床前健身。珍妮弗在图片分享平台分享的为陪伴儿子长大而减肥的经历，吸引了大约 8 万人的关注。

比尔·盖茨从母亲那儿得到的东西

2003 年 5 月 11 日是母亲节,华盛顿大学的校园网上贴出一张问卷——你从母亲那儿继承了什么?

为了吸引人回答它,管理人员在打开问卷的地方制作了一幅小小的动画:一位老太太注视着一口大鱼缸,缸中一条大白鲨正在鱼群中游动,你一点击,它就吃掉一条小金鱼,并传出一句话“任何会动的东西,都是我的猎物”。

起初人们以为这幅动画是随便设计的,点击后才知道,注视鱼缸的老太太是华盛顿大学的董事长——比尔·盖茨的母亲玛丽·盖茨。大白鲨的那句话是他儿子的名言。在 2001 年对微软公司的反垄断诉讼中,曾被联邦法院反复引用。

他们之所以用这幅动画做引子,据说是为了纪念他们的董事长,因为前不久她去世了,同时也给访问者一个暗示:只要你回答这个问题,我们就告诉你,比尔·盖茨是怎样回答的。

众所周知,盖茨大学没有毕业就去旧金山创业了,在短短 20 年的时间里,聚集的私人财富超过世界上 38 个国家的国民生产总值。这样一位旷世奇才,他从母亲那儿继承了什么?或者说,他母亲给了他什么?对这样的问题,谁不感兴趣呢?

一位中国游客打开问卷,发现访问者果然很多。在他点击它的时候,已经有 75498 位网友点击,并回答了问题。

为了知道比尔·盖茨的母亲给儿子留下的秘籍,这位中国游客按要求填上了来源于自己母亲的品行——虔诚。点击“发送”之后,眼睛还没有来得及眨一下,界面就弹出一句话:“Ok,你和比尔·盖茨一样,从母亲那儿继承了同样的东西。”

正当这位中国游客以为上当受骗的时候，一个画面展现在屏幕上。它是一张实物问候卡影像件，是比尔·盖茨在1975年母亲节时寄给母亲的。这一年，他在哈佛大学读二年级。比尔·盖茨在卡上写下这么一段话：“我爱您！妈妈，您从来不说我比别的孩子差，您总是在我干的事情中，不断寻找值得赞许的地方；我怀念和您在一起的所有时光。”

对于比尔·盖茨到底从他母亲那儿继承了什么，人们并没有得到具体的答案，但是从这张问候卡上，大家似乎感觉到，这位独步天下的亿万富翁，从他母亲那儿得到了一份被许多母亲忽视了的东西——赏识。

难道你比比尔·盖茨还忙

微软创始人比尔·盖茨的妻子梅琳达，在一次访谈中分享了他们的家庭生活趣事，她说比尔总是被工作缠身，有时连吃饭的时间都没有。那时候，他们女儿上的幼儿园离家很远，需要 45 分钟的车程。正当梅琳达为此烦恼不已的时候，比尔主动承担了一周中两天的接送任务。

这位号称“行走的印钞机”、每秒钟能赚上百美元的男人，时间似乎比别人更加珍贵，可他为了能再多一点时间陪伴孩子，宁愿早上早起一个小时，亲自开车送女儿上学。在这段 45 分钟的时间里，比尔·盖茨和女儿有聊不完的话题，说不完的笑话。在多年以后的回忆里，它也成为父女俩最温馨的相处时光。

梅琳达说，自从比尔开始送孩子上学，在女儿的幼儿园里，越来越多的父亲也开始接送孩子。因为如果他们不愿意的话，就会被质问:“比尔·盖茨都能接送孩子，你怎么就不行？难道你比他还忙?”

对于孩子来说，成长的过程是不可逆的，错过了亲子关系的最佳建立时期，以后再多的努力都只能算是弥补和缓和。亲爱的父母们，你的孩子，值得你为他花时间！

后 记

家庭是社会的细胞，家长是家庭的灵魂。自爷爷奶奶、姥姥姥爷相继去世之后，在我们这个家族，如果把父辈作为当今的第一代的话，那么项军就是我们的大家长（父亲、大舅），孙兴民即是我们的二家长（姑父、父亲），在他们两人的倡导和组织下，我们三人作为第二代的代表，以“怎样做家长”为选题，写了这本书。我们都是本科毕业，其中还有海归硕士，都已结婚生子。在家庭生活中，我们遇到了许许多多的问题，其中之一就是如何做家长、怎样培养孩子。我们虚心向长辈学习讨教，真诚地与同辈探讨交流，夫妻之间更是不乏切磋研究，甚至时常争论，同时还阅读了大量这方面的书籍、资料，受益匪浅，体会颇多，于是才有了动笔的念头。这里，忐忑地将拙作呈现出来，权作抛砖引玉吧。

在写作中，我们还先后得到了单位领导、家长和项琳、孔玉声、陈福康、齐砚伟、邓树峰等一些亲友们的热情关心与支持、帮助，参阅了许多作者的书籍和文章，在此一并表示诚挚的谢意。由于我们能力和水平以及视野的缘故，书中肯定存在不少问题，期盼着大家批评指正。

作 者

2021 年 2 月 16 日